# HISTORIA Y ARTE DE LA SEDA EN MÉXICO
## SIGLOS XVI-XX

Teresa de Maria y Campos
Teresa Castelló Yturbide
*Fotografías de* Michel Zabé

Banamex
Fomento Cultural Banamex, A.C.

México, 1990

*Diseño:*
Azul Morris
Gabriela Rodríguez

*Cuidado de la edición:*
Redacta, S.A.

*Revisión final:*
Daniel Fernández Cotera

*Asistente de fotografía:*
Reynaldo Izquierdo

*Teñido de las madejas:*
Teresa Castelló Yturbide

D.R. © 1990 Fomento Cultural Banamex, A.C.
Madero 17, 06000 México, D.F.

Primera edición, 1990
ISBN 968-7009-21-7
Impreso y encuadernado
en México

¡Esa seda que relaja
Tus procederes insanos,
Es obra de unos gusanos
Que labraron su mortaja!
También en la región baja,
La tuya han de devorar.
¿Por qué pues, te has de jactar
Ni en qué tus glorias consisten,
Si unos gusanos te visten
Y otros te han de desnudar?

**Anónimo español, siglo XVII**

# ÍNDICE

| | |
|---|---|
| PRESENTACIÓN | 11 |
| INTRODUCCIÓN | 15 |
| HISTORIA DE LA SEDA EN MÉXICO | 25 |
|     Orígenes de la seda | 26 |
|     La industria de la seda en México | 34 |
|     Su decadencia | 60 |
|     La seda silvestre | 80 |
|     Presente y futuro de la seda | 90 |
|     Notas | 96 |
| LA SERICICULTURA | 99 |
|     Tejemos diariamente el capullo de nuestra vida | 100 |
|     La crianza del gusano de seda | 102 |
|     Beneficio de la seda | 122 |
|     Las artesanas de la seda | 140 |
|     Epílogo | 160 |
|     Notas | 162 |
| APÉNDICES | 165 |
|     Determinaciones taxonómicas | 167 |
|     Relación de nombres vernáculos y técnicos de los animales y las plantas mencionados | 168 |
|     Bibliografía | 170 |
|     Glosarios | 171 |
| BIBLIOGRAFÍA GENERAL | 173 |

Seda china de exportación.

# PRESENTACIÓN

*L*a cultura china, una de las más antiguas de la humanidad, descubrió la seda en tiempos inmemoriales. Ese magnífico textil, desde sus orígenes, fue utilizado para la confección de ropajes suntuosos y adornos de exquisita belleza. La producción de la seda llegó a ocupar, en su tiempo, un lugar preponderante en el arte y la economía de todos los pueblos y naciones que entraron en contacto con aquel país.

En la República Mexicana, varias comunidades se dedicaron al cultivo de la seda, y hasta los tiempos actuales realizan verdaderas obras de arte utilizándola como materia prima.

Banco Nacional de México, atento siempre a las diversas manifestaciones de la habilidad manual y fuerza creativa de nuestros artesanos, presenta en esta ocasión la *Historia y arte de la seda en México*, editada por Fomento Cultural Banamex, A.C.

Las eruditas investigadoras Teresa Castelló Yturbide y su hija Teresa de Maria y Campos, nos ilustran el desarrollo que siguió la seda en México a través de la historia. Las soberbias y elocuentes fotografías de Michel Zabé sirven para apreciar y disfrutar aún más la originalidad de esta publicación.

Propiciar no sólo la conservación sino el crecimiento de estas unidades económicas y culturales es también uno de los propósitos de esta obra.

**Antonio Ortiz Mena**
México, agosto de 1990

*Tiene el cutis como de seda.*
Dicho popular mexicano

# INTRODUCCIÓN

De todos los productos que llegaban a Roma desde el Oriente, la seda, que valía su peso en oro, fue sin duda uno de los más codiciados y costosos. De muros y columnas de los palacios romanos pendían, junto a los de lino elaborados en Egipto, tapices de seda y oro llegados de China.

Año tras año caravanas de comerciantes, que transportaban enormes cantidades de seda para ser vendidas en los territorios del Imperio Romano, cruzaban el Asia Central marcando el camino que luego se conocería con el nombre de la Ruta de la Seda. Sin embargo, en el mundo occidental nadie sabía con precisión cómo se originaba el finísimo hilo ni en qué país lo producían.

En la literatura clásica hay frecuentes alusiones a la seda, pero las referencias a su origen son vagas. En el siglo primero de la era cristiana, Plinio el Viejo, cuyos libros de zoología se ocupaban menos de lo científico que de lo maravilloso, aceptaba la existencia de caballos alados y unicornios, contaba historias de hombres sin boca que se alimentaban del perfume de las flores y creía también que la seda se fabricaba a partir de los "cabellos de las ovejas marinas".

Fueron los chinos los primeros en advertir que el hilo que forma el capullo de un gusano podía hilarse y tejerse, dando origen a la seda. Se cuenta de una mujer llamada Lei-tsu, quien seguramente es una figura legendaria que resume a varias generaciones de antepasados, que al observar la actividad de los gusanos pensó en fabricar la seda. Este mérito le ganó la veneración del pueblo chino desde épocas muy tempranas de su historia. La práctica de la sericicultura, como se ha podido comprobar a través de investigaciones arqueológicas, existe por lo menos desde finales del neolítico. Los primeros registros de la domesticación del gusano se remontan al año de 2600 a.C. y proceden de la región norte de China. Se han encontrado inscripciones sobre huesos y conchas de tortuga, correspondientes al periodo de la dinastía Shang en los siglos XVI a XI a.C., en las que aparecen referencias cifradas al gusano de seda y al árbol de la morera. Asimismo, se han hallado restos de textiles de seda pertenecientes a esa misma dinastía.

*Telares de oro, de obra prima.*
*De varias sedas, de colores varios.*
*De gran primor, gran gala y gran estima.*

**Bernardo de Balbuena**

La industria de la seda cobró un enorme desarrollo con las dinastías subsiguientes. A partir del centro inicial de producción, es decir en el norte, el gusano de seda se extendió, en el periodo de los Estados Combatientes (475 a 221 a.C.), a otras regiones de China, y durante la dinastía Han, a partir de 206 a.C., la seda inició su camino hacia Occidente.

Debido a su calidad y belleza, la seda china se convirtió en la mercancía de exportación por excelencia. Actualmente los centros de producción se encuentran en Sechuán, provincia enclavada en la región occidental; en Chekiang y Kiangsi, región oriental; en Kuangtung, al sur; en Santung, al norte, y, principalmente, en la ciudad de Hangchou.

Hoy en día más de diez millones de campesinos chinos se dedican al cultivo de la seda y casi medio millón de obreros se encarga de su transformación. En 1980 la producción de seda ascendió a 326 mil toneladas, la mayor parte de las cuales es enviada al extranjero, representando una cuarta parte del valor total de las exportaciones chinas.

Pese a que el gusano de seda llegó al Japón cuatro siglos antes de la era cristiana, en un principio se produjo en muy poca cantidad, de tal modo que era necesario satisfacer la demanda con importaciones provenientes de China. Fue a mediados del siglo XVI, durante el periodo Momoyama, cuando la producción comenzó a incrementarse. La seda china (*kara-ori*, en japonés) se utilizaba para confeccionar diversos trajes ceremoniales, como los de los nobles y guerreros y los de los actores del teatro Nō. En las representaciones del teatro Kabuki, que se hicieron muy populares en el periodo Edo temprano (siglo XVII), se usaba ropa de seda muy ornamentada.

La producción de seda aumentó lentamente hasta que, en 1858, se firmó un Tratado de Amistad, Comercio y Navegación entre Japón y Estados Unidos mediante el cual la seda se convirtió en el producto de exportación más importante. Muy poco después, en 1868, con la restauración del periodo Meiji, el cultivo de la seda se intensificó aún más, modificando la economía japonesa y constituyendo la mayor herencia del periodo Edo a la era moderna.

Corea del Sur es el tercer exportador mundial de seda, el quinto productor de capullos y uno de los más avanzados en cuanto a técnicas sericícolas. Las costumbres y tradiciones de China tuvieron siempre gran influencia en este país. De ahí que los coreanos cultivaran la seda desde tiempos muy antiguos. Taejo, uno de sus reyes, sembró moreras a orillas del río Han para poder cultivar el gusano de seda y asegurar así la prosperidad del reino. También procuró que el arte de cultivar la seda se extendiera a todo el país.

Actualmente en Corea se plantan cada año sesenta millones de moreras. El comercio internacional de telas, tejidos, brocados y damascos deja al país una suma considerable en divisas.

La seda llegó a la India por el valle del Brahmaputra y más tarde a través de la ciudad de Otán. Cuentan los hindúes que la seda adquirió allí una duradera y glorificada casa. La India ocupa, junto con Corea, el tercer lugar en la producción mundial de seda. Además de la seda del gusano de morera, los hindúes aprovechan los capullos de otras variedades de gusanos silvestres que viven y se alimentan por sí mismos sin mayor cuidado, como los gusanos *eri*, que viven en los arbustos de higuerilla (*Ricinus communis*), cuya seda no puede devanarse, sino que ha de hilarse como la lana y el algodón. Los gusanos *muga* producen una seda dorada de extraordinario brillo, que no se encuentra en ninguna otra parte del mundo. Otra variedad de gusanos, igualmente muy importante en China, produce la llamada seda *tusor*, más burda y resistente.

La producción anual de la India asciende a 1 800 toneladas, parte de las cuales se exporta a todo el mundo. Más de cinco millones y medio de seres humanos trabajan actualmente en el cultivo y el tejido de la seda.

El gusano viajó lenta, imperceptiblemente, al mundo occidental, donde logró también su florecimiento. El tejido de la seda con madejas importadas de China

comenzó en Bizancio, hasta que en 552 el emperador Justiniano obtuvo el secreto de su cultivo. A partir de entonces la seda bizantina fue un monopolio celosamente protegido. En el siglo IX, los conquistadores árabes descubrieron a su vez el secreto y lo difundieron en Oriente y Occidente; establecieron el comercio de la seda en Asia Menor y extendieron los plantíos de moreras hasta los campos de Sicilia.

Para el siglo XVI, Italia se había convertido en el centro de la seda en Occidente. Las riquezas que los comerciantes amasaron a partir de su cultivo, impulsado y alentado por las familias nobles, financiaron en buena parte las obras del Renacimiento italiano. El hilo mágico, convertido en ricas telas, favoreció el florecimiento de todas las artes. La aventura comercial veneciana en el siglo XIII en Oriente dio como resultado el establecimiento de una famosa colonia en Sudak.

En los primeros años del presente siglo, medio millón de agricultores cultivaban seda en Italia. Para 1975 quedaban apenas dos mil cuatrocientos sericicultores, que producían cerca de 400 toneladas en capullo. Diez años más tarde, en 1985, los sericicultores eran tan sólo quinientos, y no producían más de cien toneladas de fibra. El desplome de la producción causó notable alarma, por lo que en 1986 se comenzaron estudios en Monza y Padua con objeto de impulsar el cultivo de la seda y la fabricación de telas.

En Francia el rey Luis XI, preocupado por la cantidad de dinero que fluía rumbo a Italia debido a la compra de costosísimas sedas hiladas, pidió a los sederos de Tours, donde incipientemente se elaboraban estos textiles, que incrementaran la producción. Más tarde comenzó el florecimiento de la seda en Lyon, cuando Francisco I restringió la importación e hizo establecer en su reino a un grupo de tejedores italianos.

A mediados del siglo XVII, Jean Baptiste Colbert, el sagaz ministro de Finanzas de Luis XIV, estableció sistemas de producción cuyo cuidado en el diseño y el tejido hicieron de Lyon un centro manufacturero e industrial de alto nivel,

Mantón de Manila.

rango que hasta la fecha la distingue. Hacia fines del siglo XVIII Lyon contaba con 18 mil telares que prácticamente satisfacían la demanda de sedas en el país. Con la Revolución de 1789 llegaron tiempos difíciles; se puso de moda el algodón y el uso de la seda decayó. La situación vino a ser otra cuando Napoleón Bonaparte asumió el poder y decretó el uso de seda producida en Lyon para la vestimenta de las élites, y él mismo mandó fabricar cantidades enormes de telas con las que eran confeccionadas sus ropas y la decoración de sus residencias.

En 1854, a pesar de los esfuerzos de Louis Pasteur, una plaga devastadora se extendió por Europa y el Medio Oriente, ocasionando tales daños que hubo que volver a importar seda cruda del Lejano Oriente.

La actividad sedera lyonesa declinó también a causa de la Segunda Guerra Mundial. Actualmente, la demanda se ha incrementado de nuevo. Con seda importada de China se fabrican grandes cantidades de tela, que son exportadas al resto del mundo. Lyon sigue conservando su fama y cuenta con un museo de textiles y un taller en el que se enseña el cultivo de la seda y la crianza del gusano.

La industria sericícola española empezó en el siglo IX y llegó a su auge en el XVII en los campos de Valencia, Murcia, Andalucía, Barcelona y Canarias. Incapaz de resistir la competencia, primero de la seda novohispana y luego de las sedas orientales, fue apagándose hasta quedar extinguida en el siglo XIX. Sin embargo, la tradición se mantuvo viva en algunos lugares. En la Alberca de las Torres, en Murcia, se halla la Peña de la Seda, un pequeño museo vivo, semejante al de Lyon, que conserva piezas interesantes de seda y asimismo un huerto de moreras que se cultiva con el propósito de fomentar la cría del gusano.

En Tenerife, Islas Canarias, la seda subsiste como actividad artesanal en Santa Cruz de la Palma, lugar donde son tejidos pañuelos, corbatas y otras prendas en telares de pedal.

En Inglaterra, la sericicultura se introdujo durante el reinado de Enrique VI en el siglo XV, si bien fue Jacobo I quien, al iniciar el siglo XVII, hizo grandes esfuerzos por fomentar el cultivo de la seda y evitar así su importación. La producción sin embargo sólo alcanzó a cubrir una parte del consumo interno. En 1825 se fundó una sociedad bajo el nombre de Compañía Inglesa-Irlandesa y Colonial de Seda, que no prosperó.

En Kent, en el castillo de Lullingstone, se encuentra una granja de sericicultura donde millones de gusanos son criados con el mayor esmero para que produzcan seda de la mejor calidad. De hecho, seda digna de una reina, pues allí se hiló la seda para tejer el manto de la coronación de Isabel II en 1952.

En América Latina tenemos noticia de la existencia de seda en Brasil, donde la producción y exportación del "bicho da seda" es importante. En Minas Gerais, São Paulo, Paraná y Matto Grosso se mantiene una producción de capullos que alcanza alrededor de 11 mil toneladas al año.

Recientemente, Colombia se perfila como una potencia latinoamericana en el cultivo de la seda. Las zonas cafeteras de Cauca y Risaralda, al occidente del país, permiten con su clima tropical hasta diez crías de gusano al año. En esta región se ha dado comienzo a un vasto proyecto colombiano-coreano. Las 120 hectáreas de morera existentes se verán incrementadas con la siembra de 1 200 hectáreas más para 1991, lo que permitirá una exportación previsible de 400 toneladas de seda anualmente, cuyo valor asciende a unos 20 millones de dólares. Por el momento, la sericicultura representa una actividad alterna para los cultivadores de café y ha hecho incrementar sus ingresos de una manera extraordinaria.

La producción mundial de seda asciende a 520 mil toneladas anuales, cantidad insignificante si se compara con la producción de algodón y de fibras sintéticas, la cual se mide en millones de toneladas.

En Japón se han logrado diversos adelantos que pueden llevar a incrementos significativos. Para los gusanos recién nacidos se ha inventado una dieta a partir del frijol de soya, la maicena y las hojas de morera. Por otra parte, ha surgido una nueva variedad de gusanos, los llamados polihíbridos, que son más resistentes a las enfermedades y hacen capullos más grandes, blancos y ricos en seda. Éstos ya se crían en Italia.

Ligera pero más resistente que un filamento de acero, la seda no sólo se utiliza para artículos suntuarios. Es materia prima de gran importancia para otras industrias que no son las textiles. Transformada industrialmente, la utilizan los médicos para suturar y con ella se elaboran implantes para remplazar arterias dañadas. Se usa también en la construcción de aviones y neumáticos de bicicletas y para rellenar edredones, chaquetas y bolsas de dormir.

Las crisálidas, tostadas, son apreciadas en China como alimento, pues son una rica fuente de proteínas. En Murcia, España, las utilizan para fabricar el *entomoserum*, un aceite rico en proteínas y vitaminas, que se vende como cosmético. Se recomiendan para curar enfermedades de la piel, como tónico muscular y regenerador celular.

En Nueva España la seda tuvo un espléndido florecimiento. Los primeros huevecillos llegaron en 1552 y para 1570 la sericicultura era ya toda una industria. El virrey Antonio de Mendoza dio vida a un vasto proyecto en que se proponía establecer plantíos de morera y "enseñar a los indios a producir tanta seda como fuera posible, hasta ser rival de España". Y efectivamente, la producción novohispana llegó a ser una amenaza para la seda del sur de España. No mucho después de la cima de su esplendor, caía sin embargo herida de muerte.

A partir del siglo XVIII la producción se redujo a la de los grupos indígenas, quienes la han conservado como una incipiente artesanía. La seda ha sobrevivido aislada en las serranías de Oaxaca, donde la tradición ha ayudado a mantenerla apenas con vida.

Poco después de comenzar la decadencia de la seda cultivada, se dieron los primeros intentos para hacerla resurgir. Pero ningún proyecto tuvo el buen éxito que se esperaba, tal vez porque los tiempos no le fueron propicios y porque nunca hubo un mercado estable.

La historia de la seda en México es poco conocida. Unos cuantos saben cómo llegó, dónde se cultivó y qué tanto se llegó a producir en sus mejores épocas. Pocos han de saber, asimismo, que la seda puede florecer nuevamente en nuestro país, que el clima de varias regiones del territorio es favorable para el cultivo de las moreras y la cría de los gusanos; en una palabra, que la seda puede dar trabajo y ofrecer una vida mejor para muchos mexicanos.

A lo largo de cuatro mil años la seda ha engalanado cabezas coronadas y revestido palacios, dando vida a tradiciones y leyendas que han correspondido a rituales diversos. Así pues, simboliza la generosa sabiduría de la naturaleza que, exigiéndole conocimiento e imaginación, ha proporcionado al hombre una materia bella y útil.

Las autoras del libro que presentamos nos descubren el milagro de la seda a través del relato de su fascinante historia en México. Estamos seguros de que este libro constituye un firme primer paso en un nuevo y decidido intento por rescatar la seda mexicana.

**Paloma Gorostiza**
México, febrero de 1990

# HISTORIA DE LA SEDA EN MÉXICO

Teresa de Maria y Campos

Yo te veo, clara luna,
siempre pensativa y buena,
con tus tijeras de plata
cortando el azul en vendas,
o hilando la seda fina
de tus gusanos de seda.
Tú y yo, silenciosamente,
trabajamos, compañera,
en esta noche de marzo,
hilo a hilo, letra a letra,
¡con cuánto amor! mientras duerme
el campo de primavera.

**Antonio Machado**

# Orígenes de la seda

Los datos más antiguos acerca de la domesticación del gusano de seda y el arte de la sericicultura provienen de China y corresponden, de acuerdo con la tradición,[1] al año 3400 a.C. Sin embargo, una antigua leyenda cuenta que en 2640 a.C. la emperatriz Si-Ling-Shi tomaba té en su jardín, a la sombra de una morera, cuando un capullo se desprendió del árbol y cayó dentro de su taza. Con el calor y la humedad se despegaron unas hebras que ella, por curiosidad, jaló, descubriendo casualmente el hilo de la seda.[2] La emperatriz se dedicó, desde entonces, junto con las damas de la corte, a cuidar de los gusanos y a trabajar los capullos, con los que se hicieron telas maravillosas. Por esta razón, a Si-Ling-Shi se le considera también la inventora del telar.

El arte de la seda se mantuvo en absoluto secreto durante más de dos mil años, pues se castigaba con la muerte a los que se atrevían a revelarlo. La aristocracia imperial se ocupaba de los diferentes trabajos y las telas eran tejidas exclusivamente para el emperador. Poco a poco el uso de la seda fue menos restringido y en muchas provincias los campesinos se dedicaron a cultivarla, logrando con ello cierta prosperidad. La casa imperial llegó a retribuir con seda distintos servicios particulares e incluso salarios. Asimismo, las telas se enviaban como regalo a las potencias extranjeras, que se asombraban con su lujo, pero no lograban adivinar su origen. Conscientes del valor que la seda encerraba, los emperadores chinos guardaron e hicieron guardar el secreto que la envolvía igual que si se tratara del mayor de los tesoros.

A pesar de los cuidados, el secreto de la seda llegó al Japón. Según el *Nihongi*, uno de los libros más antiguos que narran la historia de este país, un grupo de coreanos contrató hacia el año 300 a.C. a cuatro jóvenes chinas que instruyeron a las princesas de la corte en el arte de la seda. En recompensa, los japoneses les consagraron a las jóvenes maestras un templo en la provincia de Settsu. Desde entonces, se hicieron grandes esfuerzos para que la nueva industria prosperara. Fue tanto el interés por cultivar la seda, que el gobierno tuvo que establecer un

*Para los chinos la palabra felicidad tiene como símbolos el color blanco, la seda y el árbol.*

*Página anterior
Frontal de altar.
Brocado de seda y plata.*

control a fin de que no se abandonaran otros cultivos. Los japoneses cuidaron este arte con tanta suspicacia como los chinos, retardando ellos también su difusión.

Años después la seda pasó a la India gracias a una princesa china que, al casarse, tuvo que emigrar a Kothan. Afligida ante la idea de tener que renunciar a sus quehaceres, la princesa se atrevió a ocultar en su voluminoso peinado unos huevecillos de gusano y, con cautela, cruzó la gran muralla recluida en su palanquín. De la ciudad de Kothan, punto extremo de China, los gusanos fueron llevados al valle del Ganges y, más tarde, a Persia y a los Estados del Asia Central. Hacia el siglo II a.C. la seda dio origen a un largo camino a través del cual viajaron incontables caravanas de monjes, peregrinos y mercaderes, que establecieron un tráfico de objetos e ideas entre Oriente y Occidente. Este puente, largo e invisible, fue la celebrada Ruta de la Seda, que así se llamó por ser justamente la seda la que la mantuvo activa durante miles de años. El camino empezaba en Xián, salía de China por la llamada Puerta de Jade[3] y, a través de cordilleras y desiertos, pasando por cien caminos alternativos, llegaba a las costas de Antioquía, de donde los productos salían por mar a diferentes puntos del Mediterráneo, tanto en Europa como en África.

En los comienzos de la era cristiana, tres grandes imperios: el chino, bajo la dinastía Han; el de Kushan y el de los Partos, controlaban extensos territorios proporcionando cierta seguridad a las caravanas. Sin embargo, la ruta no dejó nunca de ser riesgosa, por lo que los objetos de ese activo comercio (oro, lana, caballos, jade, vidrio y seda, entre otros) eran transportados en pequeños tramos y eran revendidos. Cada comerciante viajaba únicamente parte del camino, y ninguno recorría el trayecto de un extremo al otro. A esto se debía que los productos de esta ruta resultaran tan caros.

En Occidente, los datos más antiguos acerca de la seda provienen de Aristóteles, quien habla de un gran gusano provisto de cuernos, cuyos capullos eran hilados y tejidos por mujeres. El arte parece haberse iniciado en la isla de Cos,

*Todo mundo sabe la mucha seda que se saca en la China y en las Indias porque éste es uno de los principales ramos del comercio y riquezas de aquellas vastas regiones.*

**Miguel Jerónimo Suárez y Núñez**

donde con madejas importadas se elaboraba una famosa gasa a la que se llamó *coavestis*, con la que se confeccionaban túnicas como las que comúnmente vemos en las esculturas griegas, que más que cubrir sus formas, las destacaban.

Hacia el siglo primero la seda cruda constituía en Roma uno de los artículos extranjeros más apreciados, aunque su valor la convertía en un lujo inaccesible excepto para la capa adinerada de la población. Algunos la suponían un producto vegetal extraído de la corteza de algún árbol. Plinio el Viejo especuló confundiéndola con el pelaje del "carnero marino", que fue como los antiguos romanos llamaron a las focas. A pesar de su elevado precio, el uso de la seda llegó a tales extravagancias que por algún tiempo se reservó sólo a las mujeres. Sin embargo, pronto fue común entre la nobleza y los dignatarios eclesiásticos. Se establecieron talleres llamados gineceos, a los cuales entraban ciertas doncellas, casi de por vida, como devotas de un culto que las obligaba a guardar el secreto del oficio y a no salir nunca de su encierro. Cuando el ceremonial cristiano se hizo más elaborado, a partir del siglo V, se exigieron telas más ricas, como los brocados de seda cosidos con hilo de oro y el *opus plumarium*, que era una tela en la que se entretejían plumas.

La seda llegó a adquirir tal importancia que, en el siglo VI, el emperador Justiniano decretó un monopolio sobre su mercadeo y manufactura. En el palacio de Constantinopla se instalaron los telares, aunque provistos exclusivamente de madejas importadas. Por fortuna, hacia 550 Justiniano conoció a dos monjes de la orden de San Basilio que habían vivido en China y sabían cómo se trabajaba la seda. El emperador les pidió que regresaran al Oriente con el encargo secreto de traer los rudimentos para poder producirla. Los monjes volvieron luego de dos años, disfrazados de peregrinos, con las semillas de morera y los huevecillos escondidos dentro de unos bastones de bambú. Las moreras y los gusanos se desarrollaron exitosamente en el huerto de un convento, en el monte Athos. A partir de entonces, los bizantinos se hicieron expertos tejedores de damascos y ofrecie-

La emperatriz Si-Ling-Shi tomaba té en su jardín, a la sombra de una morera, cuando el capullo se desprendió del árbol y cayó dentro de su taza.

**Acuarelas chinas sobre papel de arroz, siglo XVIII, Musée des Tissus, Lyon, Francia**

Mariposas poniendo huevecillos sobre el papel que cubre el canasto.

Papeles con los huevecillos secándose antes de guardarse.

Nacimiento de los gusanos.

Colocación de los canastos en los estantes para la crianza.

En los biombos de carrizos y cuerdas los gusanos se disponen a tejer sus capullos.

Los gusanos tejen sus capullos lejos de la luz y el ruido.

Las crisálidas de los capullos destinadas a la obtención de seda son ahogadas con humo.

Los capullos son suavizados en agua caliente.

Varios capullos se devanan para formar una sola hebra.

Se devana la seda y se forma la madeja.

*Una infinidad de moreras guarnecen las dos orillas del caudaloso Rhône, desde Lyon hasta el Mediterráneo.*

**Miguel Jerónimo Suárez y Núñez**

ron sus sedas al mundo occidental durante más de mil años.

Cuando los bizantinos obtuvieron los elementos para la producción de la maravillosa fibra, la antigua Ruta de la Seda comenzó a decaer. Durante algún tiempo continuó la importación, principalmente de madejas, debido a que aún no se podía igualar la calidad de la seda oriental y a que no se alcanzaba a satisfacer la gran demanda, entonces parcialmente afectada por el monopolio que había establecido Justiniano. Aunque el tráfico disminuyó, se mantuvo todavía a lo largo de varios siglos hasta que, alrededor del siglo IX, China se aisló dentro de sus fronteras. Los árabes, que habían conquistado Persia, bloquearon las rutas comerciales y el Asia Central se vio asolada por bárbaros que destruyeron gran número de las otrora florecientes ciudades; y sus habitantes fueron capturados como esclavos y tributarios sometidos. Fue entonces cuando desapareció la Ruta, por la que, además de ser transportada la seda, viajaron las ideas, los dogmas religiosos y las artes.

Cuando los sarracenos impusieron su control sobre el comercio, marcaron los tejidos con sus propios diseños y colores y, a través de sus guerras de conquista, ayudaron a difundir la sericicultura. De Bizancio la seda pasó a Sicilia, Florencia, Milán, Génova y Venecia, famosas ciudades del medievo precisamente por sus tejidos, que se vieron favorecidos gracias al fomento de las artes por parte de los nobles y patricios. En el siglo IX los árabes introdujeron la seda en los pueblos del Mediterráneo, que entonces dominaban por completo, extendiéndose hasta España. Varias familias de tejedores sirios se establecieron en Andalucía; de allí la seda siguió a Córdoba, Málaga, Toledo, Almería, Valencia y Barcelona. Muchos siglos después, en el XVII, España contaba con el mercado europeo de mayor exportación.

En 1480 la seda se empezó a trabajar en Tours, en el reino de Francia, y hacia 1520 Francisco I llevó la semilla al valle del Ródano, donde los franceses criaron sus primeros gusanos. En Inglaterra, la industria cobró importancia a partir de

1585, en que un numeroso grupo de tejedores flamencos huyó de los Países Bajos, al ser devastados sus territorios por las tropas de la monarquía española. Un siglo más tarde, al revocarse el Edicto de Nantes, que hasta entonces había protegido a los hugonotes, numerosos artesanos franceses huyeron a Suiza, a los territorios alemanes y a Inglaterra. En esas regiones establecieron su industria.

Las naciones europeas llevaron la seda a sus respectivas colonias. Así fue como llegó a América. Por distintas razones, los ensayos de la cría de la seda en la isla La Española y el Perú fracasaron. En 1609 Jaime I de Inglaterra envió a la colonia de Virginia una cierta cantidad de seda pero, tras un efímero auge, dejó de cultivarse por falta de mano de obra. La única colonia de América donde la seda se pudo trabajar provechosamente, por lo menos hasta finales del siglo XVIII, fue Nueva España.

Con el tiempo y gracias a enormes esfuerzos, la industria de la seda se generalizó. Muchos son los países que han intentado desarrollarla, pero pocos han tenido buenos resultados. Sólo aquellos que cuentan con climas adecuados y, principalmente, con la suficiente mano de obra, han obtenido beneficios.

La mantilla de seda española inspiró el traje chiapaneco.

# La industria de la seda en México

*Con efecto, los gusanos de seda son una fuente abundante de riquezas, que se renuevan todos los años en el país en que se crían.*

**Miguel Jerónimo Suárez y Núñez**

Inmediatamente después del descubrimiento de América, al tiempo que tenía lugar la conquista y sujeción de los territorios recién descubiertos, dio comienzo un considerable intercambio entre Europa y América. Costumbres, creencias e ideas, así como una gran variedad de productos y objetos, plantas y animales cruzaron el océano en ambas direcciones, provocando cambios profundos en muy diversos aspectos.

La fertilidad de las nuevas tierras llamó la atención de los españoles, que pronto pensaron en sacarles provecho sembrando sus cultivos tradicionales, de los que no estaban dispuestos a prescindir. La Corona española trató de fomentar los trabajos agrícolas por considerar que cumplían una función básica en el establecimiento y la colonización de sus nuevos dominios. Tenía especial interés en que sus colonias se volvieran productivas, que dejaran de ser escenario de rapiñas individuales y que sus vasallos se establecieran y dejaran de pelear. Ya la segunda Audiencia mencionaba que la mejor forma de canalizar la energía de los conquistadores era llevándola del pleito a la agricultura.

No se sabe exactamente cuándo ni por iniciativa de quién se enviaron a Nueva España los primeros gusanos de seda. En un principio, el rey dictó normas para el asentamiento en los nuevos territorios y la dotación de tierras, y fomentó ciertos cultivos como los de la caña de azúcar y del trigo, pero dejó en manos de la iniciativa privada la introducción de la mayor parte de animales, semillas y plantas europeos. El hecho es que, luego de consolidada la conquista de tierra firme, la industria de la seda se desarrolló favorablemente gracias a la existencia de moreras silvestres, que en un principio resultaron indispensables, así como a la abundante mano de obra, entre la que se contaba con la de hábiles artesanos indígenas. Ya en 1531 se le daba cuenta al Consejo de Indias de la producción sericícola y, una década más tarde, de acuerdo con el corregidor Bartolomé de Zárate, se colectaba "tanta seda en este obispado que es cosa de admiración multiplicar tanto, en tan breve tiempo que ha que se trae, que el año pasado de 1542 se cogieron nueve mil y tantas libras de seda. Ésta de morales que había en la tierra que tenían los indios de hacer papel".[4]

Según Antonio de Herrera,[5] fue Nicolás de Ovando, gobernador de La Española, quien cumpliendo un mandato real llevó en 1503 la granjería de la seda a la mencionada isla, donde, al parecer, los gusanos no prosperaron debido al clima demasiado caliente. En 1517, fray Bartolomé de las Casas propuso al rey la introducción de la seda en Nueva España y, como se necesitara gente experimentada en el trabajo, pidió que también se enviaran artesanos especializados en el ramo. Fueron tantos los campesinos españoles que se entusiasmaron y respondieron al llamado, que los nobles de los que aquéllos dependían se opusieron por temor de ver sus tierras abandonadas. Esto hizo fracasar el proyecto. Según dice Herrera en su *Historia general* (déc. III, lib. 6, cap. I), al descubrirse nuevas tierras al norte de Florida en 1521, Lucas Vázquez de Ayllón, oidor de la Audiencia de Santo Domingo, solicitó a la Corona española la anuencia para explotarlas con la idea de dedicar a los indígenas del lugar a la crianza del gusano de seda. En 1523 el permiso le fue otorgado, pero sus esfuerzos no prosperaron en ésta ni en ninguna otra empresa, pues sus fuerzas fueron reducidas violentamente por los llamados indios chicorigues, que mataron toda la colonia a su mando, incluyéndolo a él, según contaron a Gonzalo Fernández de Oviedo, Pedro de Quejo y Francisco Gómez, sobrevivientes de esos hechos.

Herrera afirma también que, en 1522, Hernán Cortés mandó traer caña de azúcar, moreras, perales, seda, sarmientos y otras plantas.[6] En sus famosas *Cartas*, Cortés muestra un constante interés por los trabajos del campo y observa en detalle los lugares que recorre al paso de sus diversas expediciones. En el transcurso de su viaje a las Hibueras, comenta: "Vi un valle muy aparejado para criar en él todo género de ganado y plantar todas y cualesquiera plantas de nuestra nación."[7] Más tarde escribe, en un memorial de 1542, que pobló las tierras nuevas "de ganados de todas maneras... y así mismo de muchas plantas... en especial

*Ya se cría seda y habrá mucha.*

Fray Juan de Zumárraga

Exvoto de Hernán Cortés. Dibujo de Susana Martín Johnstone.

de plantar morales y llevar la simiente de seda y sostenerla diez años hasta que hubo muchos que se aplicaron a ella".[8]

Como afirma Gonzalo de las Casas: "A esta Nueva España trajo la semilla Don Hernando Cortés, Marqués del Valle, y la primera seda que se crió fue en su villa de Coyoacan y ahí se criaba bien flojamente, como cosa sin provecho porque en la tierra no había quien la supiera beneficiar y no se criaba más que por sustentar la semilla, que no se perdiese en esta tierra, porque siempre tuvo gran celo a la población y cultivación de ella, porque las más de las plantas y ganados que en esta tierra hay se trajeron por su industria y mandato y mucho de ello a su costa."[9] También Andrés de Tapia, en su *Relación de la Conquista de México*, dice: "Hizo el Marqués llevar todo género de ganados que en España se usan para granjerías y bestias y simiente de seda..."[10]

Existe confusión porque, además de Cortés, el oidor Diego Delgadillo, originario de Granada, reclamó haber sido el primero en dedicarse provechosamente a la seda en tierra americana. Trabajó en una huerta cercana a Chapultepec; allí hubo buenas moreras, en un lugar que posiblemente corresponde a lo que fue la hacienda de los Morales. Delgadillo, sin embargo, no pudo ser el introductor de la seda en territorio novohispano, ya que él mismo recibió la semilla del señor Francisco de Santa Cruz. Además, como dato curioso, entre las joyas de la Virgen de Guadalupe de Extremadura se encuentra un exvoto que ofreció Cortés: "Vino de lo más remoto de las Indias a esta casa, año de 1528 y trajo este escorpión de oro y el que lo había mordido dentro, que yendo él cierto día a visitar sus campos de moreras ubicados en Yautepec, fue picado por un alacrán, de los muchos muy ponzoñosos que hay en la tierra caliente."[11] Delgadillo llegó a la Nueva España justamente en ese año de 1528.

Reclamaron también la iniciativa Hernando Martín Cortés y Juan Marín, los dos de Murcia y sederos de experiencia. Martín Cortés escribió: "Yo he sido el primero que en esta tierra he criado árboles de morales, y he criado y aparejado seda, y he hallado las tintas de carmesí e otros colores convenientes."[12] Él fue quien presentó por primera vez un proyecto formal y bien organizado para desarrollar el cultivo en Huejotzingo, Cholula, Tlaxcala y Tepeji. Según el virrey De Mendoza, él es quien "hasta ahora ha entendido y dado industria para que viniese la cosa a tener principios".[13] Sin embargo, reclama la prioridad hasta 1537.

De acuerdo con los diversos datos, el introductor debe haber sido Hernán Cortés, pero como estaba demasiado ocupado con sus guerras de pacificación y no tenía una experiencia profesional, no pudo ocuparse personalmente del cultivo de la seda. Mandó traer la simiente y la mantuvo en tanto llegaba alguien capaz de hacerse cargo del oficio en toda forma. Igualmente, promovió el trabajo para su propio beneficio: en 1550 tenía treinta peones que cuidaban sus plantaciones en las cercanías de Yautepec. El mérito de los otros supuestos introductores fue más bien el haber fundado negocios prácticos a los que se dedicaron en cuerpo y alma, con miras a establecer una verdadera industria.

Lo que realmente importa en este punto, es que hacia 1531 ya se producía seda en Nueva España y que la industria prosperaba a grandes pasos. El arzobispo Zumárraga vio en ella una posibilidad de beneficiar a españoles e indígenas; consideraba que la introducción de nuevas plantas, animales y herramientas contribuiría a la explotación de las riquezas naturales en suelo americano. Incluso Zumárraga propuso el traslado de familias de moriscos, originarios de Granada, para que enseñaran el oficio, aun con riesgo de que difundieran sus herejías. También don Antonio de Mendoza apoyó la industria, la cual quedó sólidamente establecida bajo su protección. Según Gonzalo de las Casas: "Venido el Virrey... como hombre que se crió en Granada y conocía el interés que en la seda se seguía, quiso favorecer las crías de seda, con tal calor, que han llegado al aumento en que ahora están."[14] En 1540, De Mendoza permitió que los encomenderos se valieran de los indios para el cultivo de la seda y alentó a los indígenas para que trabajaran por cuenta propia. Según parece tal empeño tuvo buenos resultados, hasta el punto

Mixteca Alta,
Sierra de Oaxaca.

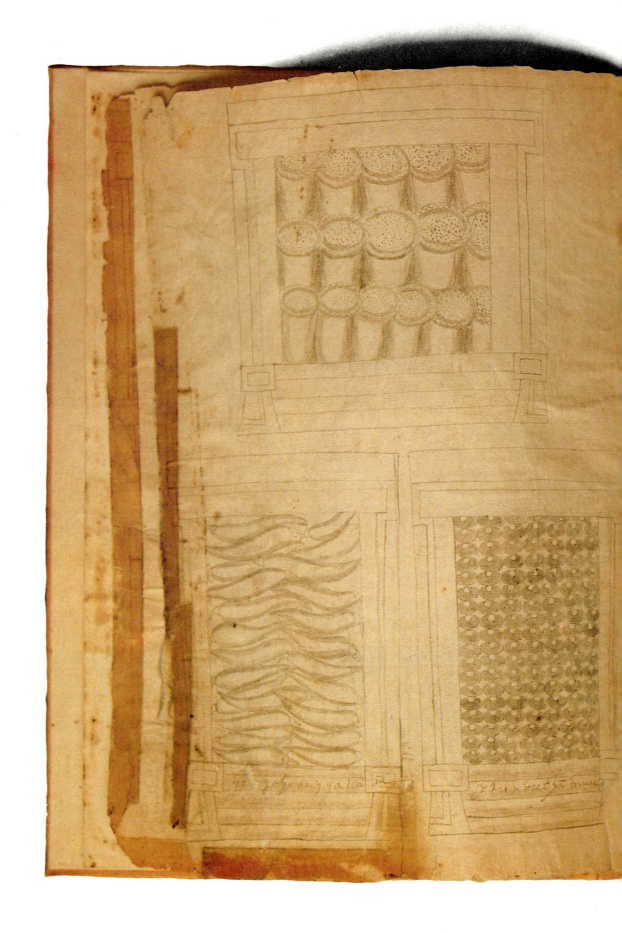

*Códice de Yanhuitlán*, escrito entre 1541 y 1550. Universidad Autónoma de Puebla.

Yanhuitlán.

de que el Obispo de Oaxaca llegó a quejarse de que en su diócesis "los naturales son señores de sus riquezas y muchos de ellos son ricos y todos tienen más de lo que nunca tuvieron sus ancestros. El comercio y la crianza de ganado y de seda se dan en tal abundancia que hay un pueblo en la Mixteca en donde... los nativos son ricos y bien tratados y los españoles son la gente más pobre e incansable del lugar".[15]

La industria se adaptó con rapidez al clima y a la economía de cultivos indígenas. La seda comenzó a producirse con tanto éxito que Nueva España parecía ser la tierra escogida para convertirse en el mayor productor mundial. Motolinía se asombró ante el hecho de que fuera posible colectar seda hasta dos veces por año: "Se criará aquí tanta cantidad de seda que será una de las ricas cosas del mundo y este será el principal lugar del trato de la seda... se criará más seda en esta Nueva España que en toda la cristiandad."[16]

A mediados del siglo XVI, la producción se concentraba en cinco zonas. En primer lugar, figuraban las tierras del Valle de México y las del de Morelos y sus alrededores, en donde se establecieron las primeras plantaciones. Se criaban gusanos de seda en Cuernavaca, Tepoztlán, Yautepec, Oaxtepec, Yecapixtla, Malinalco, Tenancingo y, bajando hacia la costa, en Taxco. Seguía, rumbo al sur, la zona de Puebla con Huejotzingo, Atlixco, Tepeaca, Izúcar y Tepeji, que debido al auge de su cultivo sericícola llegó a llamarse Tepeji de la Seda. Hacia el norte, se encontraba la zona de Pátzcuaro con sus pueblos vecinos: Tiripitío, Morelia y Tajimaroa. Por los rumbos de Colima, Atapan, Charapan, Peribán y Jalisco se dio algún cultivo de menor importancia. Y también camino a la Huasteca, por el lado de Huauchinango, Meztitlán y Cuimatlán, hasta llegar al río Pánuco.

La zona más próspera fue siempre la de Oaxaca, principalmente la Mixteca Alta, favorecida por su clima templado y su densa población. Allí llevó la semilla doña María de Aguilar, esposa del encomendero de Yanhuitlán, Francisco de Las Casas, y prima de Cortés. Este último fue quien le dio huevecillos para que iniciara la crianza de la seda en su encomienda. Poco después, los frailes dominicos difundieron el trabajo de la seda, tarea que comenzaron distribuyendo huevecillos entre los indígenas al tiempo que los evangelizaban. En esta labor sobresalieron los pueblos de Yanhuitlán, Teposcolula, Achiutla, Jaltepec, Tilantongo y Tlaxiaco.

Entre 1540 y 1550 la producción de seda llegó a su apogeo. El interés por la crianza del gusano se desplazó incluso hasta la península de Yucatán, pero luego de un auge muy breve se concentró en unas cuantas regiones que resultaron ser las más propicias desde el punto de vista geográfico, demográfico y económico. La sericicultura fue considerada desde el primer momento como una empresa productiva, que requería de poca inversión y pocos gastos en tanto que proporcionaba altos beneficios. Una de las ventajas del cultivo en general fue la facilidad en el transporte del producto. Avivó entre los pobladores el entusiasmo por enriquecerse, por lo que muchos decidieron dedicarse a la crianza del gusano de seda. Los principales productores fueron siempre los encomenderos pues contaban con abundante mano de obra y tierras, además de que recibían servicios y tributos de parte de los naturales a cambio de velar por su protección espiritual y temporal. Se daba el caso de grandes extensiones dedicadas a la producción de seda. "Hubo vecino propietario hasta de diez mil moreras, en el valle de Atlixco."[17]

Dado que a pesar de las restricciones establecidas la mayor parte de los indígenas eran explotados, la Corona intentó protegerlos con el envío de visitadores especiales que viajaban por Nueva España moderando entre los propietarios españoles su exigencia de tributos, cambiando servicios personales por pagos en especie y forzando a los patrones a que se sujetaran, dentro de lo posible, a lo ordenado en las reales cédulas. Todo ello hizo que muchos encomenderos empezaran a perder el interés por la seda. Si no los enriquecía con la rapidez que ellos esperaban, abandonaban la empresa de otro modo tan lucrativa.

Otros españoles trabajaron como empresarios sirviéndose de los indígenas

*Es tierra muy doblada y rica, adonde hay minas de oro y plata, y muchos y muy buenos morales, por lo cual se comenzó a criar aquí primero la seda... y sale [tan] buena, que dicen los maestros que la tratan, que la tonozti es mejor que la joyante de Granada.*

**Motolinía**

*Códice Sierra.*
Universidad Autónoma
de Puebla.

como esclavos o alquilados. Los trabajadores alquilados se contrataban por temporada; a los esclavos se les destinaba a labores distintas en la época en que la industria requería de menor actividad, pues de lo contrario no eran redituables. Hubo también caciques indígenas que se dedicaron a la sericicultura. El gobierno español los reconoció como señores naturales y les otorgó derechos mediante los cuales les estaba permitido recibir servicios de sus propios pueblos. Algunos se valieron de este privilegio y aprovecharon a sus súbditos para producir seda.

Igualmente, apoyadas por don Antonio de Mendoza e instruidas por los misioneros, las comunidades indígenas formaron empresas comunales. Cada pueblo criaba ganado o producía un determinado cultivo como maíz, cochinilla o seda, y con el dinero obtenido de la venta se pagaba el tributo y se cubrían los gastos de la comunidad. La anterior fue una forma de evitar abusos, dentro de lo posible, de parte de los caciques. Entre los pueblos de mixtecos, por ejemplo, fray Francisco Marín aconsejó a los indios "que tuvieran bienes de comunidad, para los gastos del pueblo, y para que hubiese de qué sacarlos les mandó plantar nopales de grana y morales para coger seda, para que lo que resultase de aquella cosecha se guardase como bienes comunes".[18]

La cría de gusanos de seda en las comunidades se hizo de dos maneras. En ocasiones, los huevecillos eran distribuidos entre las distintas familias y éstas, al obtener la cosecha, entregaban los capullos. Por medio de este sistema se obtuvieron, sin embargo, magros resultados. La producción era más eficiente cuando se construían casas comunales donde se criaban los gusanos y se hilaba la seda. Se ha conservado un libro de registros del pueblo de Santa Catarina Texupan, en la Mixteca Baja,[19] que nos da una idea más exacta acerca de la forma en que el trabajo se llevaba a cabo en las comunidades. Por este libro, que se conoce como *Códice Sierra* y que registra los gastos del pueblo entre los años 1550 y 1564, podemos deducir que los comuneros tenían una casa especial donde, además de la cría de gusanos, se hilaban los capullos utilizando tornos de madera. Esta comu-

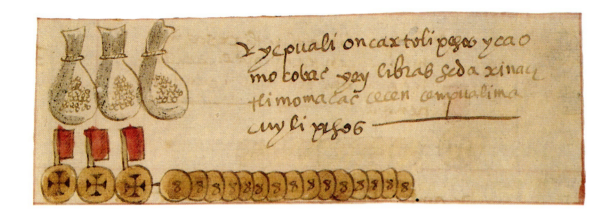

nidad contaba con alguaciles que supervisaban el trabajo así como con personal de confianza que se dedicaba a la venta de la seda en la ciudad de México. En ocasiones, los compradores españoles se presentaban en el pueblo. Por medio de explicaciones desarrolladas en náhuatl y pictografías en color, sabemos cuánto costaba la semilla, qué tanto se obtenía de la venta de la seda y quiénes eran los compradores. Se mencionan también los gastos que había que realizar en la compra de sogas, petates, cacaxtles, cestas de palma y alimentos para las personas encargadas de la venta de los capullos. Las elevadas ganancias provocaban no pocas veces rencillas y problemas, pues no faltó quien tratara de obtener, a costa de la comunidad, beneficios personales. Los jefes indígenas llegaban a gastar considerables sumas en fiestas en las cuales no escaseaban los excesos; los sacerdotes, por su parte, hacían uso de elevadas sumas para enriquecer el adorno de sus iglesias.

Para hacer más comprensible y fácil el trabajo de la seda, se escribieron manuales adaptados a los pobladores de Nueva España. Alonso de Figuerola, preceptor de la Catedral de Oaxaca, escribió el primer manual por encargo de Zumárraga. Aunque nunca llegó a imprimirse, se hicieron copias manuscritas que fueron repartidas entre los misioneros. Varios años después, Gonzalo de Las Casas, encomendero de Yanhuitlán, escribió un manual muy completo que se publicó en Granada, en 1581.

La forma en que se trabajaba la seda variaba enormemente. Existían los métodos primitivos que empleaban los campesinos indígenas dentro de sus humildes chozas, así como otros más avanzados que los españoles desarrollaban en gran escala, en casas de adobe bien ventiladas y especialmente construidas. Con el tiempo y gracias a la experiencia adquirida, los métodos e instrumentos de producción observaron ciertas mejoras. Por lo general, la crianza fue sencilla. El grano se bendecía (y aún se bendice) el 2 de febrero durante la fiesta de La Candelaria, en el día de La Purificación. La alimentación de los gusanos casi no presentó problemas ya que las moreras silvestres abundaban y, aunque crecían dispersas, la mano

*Códice Sierra.* Universidad Autónoma de Puebla.

de obra era tan barata que podía encargarse a los indígenas que caminaran las grandes distancias que era necesario a fin de recolectar las hojas. Por otra parte muy pronto fueron sembradas semillas de árboles extranjeros cerca de las aldeas, alrededor de los terrenos en que cultivaban maíz y trigo. No dejaron de ser necesarios ciertos ajustes ya que, debido al calor en algunas zonas, los huevecillos maduraban antes que las moreras retoñaran, de manera que los gusanos se morían por falta de alimento. Este tipo de problemas encarecía y dificultaba la producción, pues obligaba a los cultivadores a seguir importando la semilla. Algunos observaron que los gusanos recién nacidos podían ser criados, al menos en un principio, alimentándolos con hojas de lechuga, zarzamora y hierbamora. No obstante, el descubrimiento fue visto con recelo debido a que "iba contra natura y contradecía los designios de Dios".

No faltando el alimento, los únicos cuidados consistían en proteger a los gusanos de los rayos directos del sol, así como del frío, la humedad y el calor extremos. Los cambios de temperatura los afectaban sensiblemente, al igual que las hormigas, cucarachas, lagartijas y ratones, que destruían los capullos por comerse las crisálidas. También los trabajadores eran fuente de problemas ya que "no sólo hurtan los indios el capullo para aprovecharse de él sino para comerse el gusano que tostado les sabe a camarones".[20]

Otro perjuicio común eran los incendios, pues las casas donde se criaban los gusanos y se hilaba la seda eran alumbradas con rajas de ocote, que, como sabemos, es una madera altamente inflamable. Los gusanos sufrían también enfermedades que, por falta de "ciencia", se interpretaban erróneamente. Los bochornos, las heladas, los truenos, los malos aires, los olores desagradables y la gente de mirada "fuerte", eran responsables de que a los gusanos se les alteraran los humores. Unos empalidecían, otros se arrugaban o sudaban un líquido viscoso. Los enfermos eran apartados y sometidos a una dieta rigurosa, con lo que muchas veces se lograba su recuperación. El caso de los truenos era drástico, pues morían re-

"Veinte pesos para comprar seda de varios colores que se usó en el monumento y en coser los ornamentos de la iglesia."

*Códice Sierra.*
Universidad Autónoma de Puebla.

pentinamente dejando a medio hilar su capullo. El mal de ojo también era mortal. Por fortuna, las muertes, según se sabe, eran más bien esporádicas y ocasionales, y a decir verdad no se tiene noticia de casos de epidemia.

Durante los primeros años, la crianza del gusano de seda estuvo a cargo de los naturales, que eran vigilados y organizados por alguaciles españoles. Los indígenas, como hemos visto, eran reclutados para trabajar en casas especializadas bajo el régimen de encomienda, esclavitud, repartimiento o al servicio de caciques locales y como contribución a la comunidad. De cualquier manera, todas estas formas requerían de una organización bien definida.

Cuando Martín Cortés presentó su proyecto de trabajo, pidió al rey el uso de "ciertos morales viejos que hay del tiempo de los indios..., una casa de adobe del tamaño que fuese menester..., quince hombres que al tiempo que aprenden el oficio le sirvan de ayuda... y mujeres de las naturales para que me ayuden a hilar y aparejar la seda".[21] Así, los hombres cortaban las hojas de morera y cuidaban de los gusanos hasta obtener los capullos; en seguida, las mujeres hilaban la seda, que era vendida cruda y en madeja, pues a los indígenas no les estaba permitido teñir ni tejer. El hilado se llevaba a cabo en los mismos centros de producción y podía hacerse "en verde", es decir con las crisálidas aún vivas y antes de que nacieran las mariposas, aunque preferían matar a las crisálidas para no verse apremiados en su labor.

El teñido y el tejido quedaba en manos de los españoles y se hacía en las ciudades. Respecto al teñido, ya Martín Cortés se vanagloriaba de haber hallado "las tintas carmesí e otros colores convenientes".[22] A su vez, Motolinía comentó que "los mejores colores de esta tierra son colorado, azul y amarillo..., muchos colores hacen los indios de flores".[23] De acuerdo con Carrillo y Gariel, llegaron a hacerse "muy buenos terciopelos carmesíes y anaranjados y tafetanes de todos colores que cada día se descubren".[24] Los españoles aprovecharon los colorantes tradicionales de cada región, principalmente el rojo, que se obtenía a partir de

"Cuarenta pesos que se gastaron en varias cosas indispensables en la Pascua del Espíritu Santo, según mandamiento."

*Códice Sierra.*
Universidad Autónoma de Puebla.

*Los daños que el gusano de seda tiene son en muchas maneras ansí de enfermedades que les provienen como de daños que les hacen y de tiempos y casos fortuitos.*

**Gonzalo de Las Casas**

la grana, y el negro de la Mixteca, ambos famosos y reconocidos en Europa.

No tardaron en llegar de España artesanos especializados que empezaron a industrializar los capullos, introdujeron los telares de pedal y se dedicaron a fabricar satines, brocados, tafetas, damascos, terciopelos, encajes y listones de todos colores. Salazar hablaba en 1540 "de la abundancia de sedas que se crían y telares y tornos que se comienzan a hacer".[25] En 1543 había en la ciudad de México más de cuarenta telares tan sólo para terciopelos. Al prosperar la industria, la ciudad solicitó el derecho exclusivo de instalar telares, monopolio que se le otorgó pues facilitaba la inspección y el control de posibles fraudes y porque atraía población y riqueza, contribuyendo así a que la ciudad de México se consolidara como la capital política y económica de Nueva España.

Al no haber duda acerca de la prosperidad de la nueva industria, los poblanos solicitaron al virrey que les permitiera instalar sus propios telares. Pese a la fuerte oposición que al respecto había surgido entre los que se habían establecido en México, el príncipe Felipe les concedió el permiso correspondiente en 1548. Del mismo modo, años después, los pobladores de la ciudad de Antequera, nombre con que antiguamente se conocía a Oaxaca, insistieron en que les fuera permitido teñir y tejer seda, arguyendo que estaban muy cerca de las zonas de producción y que los costos del transporte del producto desde esas zonas hasta los anteriores centros de venta no les dejaba ninguna ganancia. El permiso les fue concedido y el sitio se convirtió en un afamado centro manufacturero. Fue así que la industrialización de la seda se concentró por algún tiempo en estas tres ciudades.

El Consejo de la Ciudad, reconociendo que la industria tomaba grandes proporciones, decidió regularla por medio de un minucioso y complejo sistema con el cual el gobierno controlaba la producción, desde la distribución de la semilla hasta el gasto de las ganancias. En primer lugar, la tierra otorgada para la cría del gusano de seda y el cultivo de las moreras debía delimitarse con exactitud y, más tarde, se le dotaba al productor después de consultar con los indígenas, de

"En este año de 1563, en el mes de agosto se fabricó la seda en este pueblo. Se sacó lo del diezmo que corresponde Alº Sánchez, español, y quedaron desde esta fecha para el pueblo ciento veinte libras de seda la que se cultivó aquí en el pueblo y la compró un español que se llama Francisco Enríquez, vendida aquí a dos pesos siete tomines por cada libra. Suma la cuenta, en total, trescientos cuarenta y un pesos dos tomines producto de la seda de este año. No se produjo mucha seda en este año porque murieron muchos gusanos."

*Códice Sierra.*
Universidad Autónoma de Puebla.

Tenate con capullos y atado de huevecillos.

*Página anterior*
Jícara, malacate y capullos de las artesanas mixtecas.

modo que sus intereses no sufrieran daño. El volumen de seda que las comunidades estaban obligadas a producir era rígidamente estipulado de acuerdo con el tamaño de la población. Por otra parte, había que preguntarle a la población si en efecto quería trabajar la seda y cómo quería hacerlo, si por familias o en grupos más amplios. Las relaciones entre patrones y trabajadores se determinaron con el claro propósito de proteger a los indígenas, pues en general su desventaja frente al español era evidente. Si bien la Corona española les exigió que tributaran y rindieran servicios a sus caciques y a los encomenderos, había un ideal de justicia que reprobaba los abusos y la explotación.

El trabajo comenzó a regularse formalmente a partir del 23 de febrero de 1543, con normas cuyo modelo eran las Ordenanzas de Granada, las cuales se modificaron en atención a las condiciones específicas que presentaban los territorios coloniales. Durante el Virreinato todos los trabajos fueron reglamentados de esta manera. El Cabildo emitía sus ordenanzas, que confirmaban los virreyes, y por medio de ellas se regimentaban los diversos oficios. Para organizar a los trabajadores, fue establecido el gremio del Arte Mayor de la Seda, controlado y dirigido por los mayorales, alcaldes y veedores, quienes eran removidos de sus puestos cada año, en el mes de enero. La reelección sólo estaba prevista para uno de ellos, que era quien los guiaba y adiestraba. Entre los artesanos había hiladores, tintoreros y tejedores que se clasificaban de acuerdo con su destreza en maestros, oficiales y aprendices. Los indígenas podían ser aprendices y oficiales pero nunca maestros, pues se trataba de un oficio de "confianza". A los negros y mulatos nunca se les permitió trabajar la seda, ni siquiera a los libertos.

Antes de ser contratados ante un notario público, los aprendices permanecían a prueba por un tiempo, de modo que el maestro podía apreciar sus habilidades y virtudes en tanto que el aspirante definía su vocación. Al cabo de cinco años de trabajo, eran examinados por dos alcaldes, dos veedores y dos maestros.

A los tintoreros se les exigía sólo un año de práctica. La carta de examen era debidamente registrada en los libros del gremio y en las Actas del Cabildo. Cuando empezaron a llegar de España los primeros artesanos especializados, la competencia suscitada entre los cultivadores para contratarlos fue tal, que el virrey Antonio de Mendoza se vio obligado a hacerles cumplir los compromisos ya establecidos con anterioridad. Se dieron disposiciones como la que decía "que ningún maestro ni oficial del arte pueda sonsacar de palabra ni de obra ningún oficial ni aprendiz en poder de otro con quien trabaje, hasta que esté cumplido el tiempo de su obligación pena de veinte pesos oro de mina".[26]

Con el tiempo, los gremios se multiplicaron y diversificaron; hubo gremios de listoneros, bordadores, terciopeleros y otros más. Cada gremio tenía su santo patrono y su cofradía, que estaba a cargo de los mayordomos y se ocupaba de reunir los fondos necesarios para ayudar a los artesanos en caso de accidente, vejez o muerte. La cofradía pagaba los entierros, las fiestas del santo patrono y la dote de las hijas casaderas. Una parte de lo que se pagaba por cada examen profesional era celosamente guardada en la caja de la cofradía. Además, los cofrades aportaban una contribución mensual y otra anual; sus derechos y obligaciones se hacían conocer por medio de las llamadas patentes.

El patrono de los sederos del Arte Mayor era el Espíritu Santo, a quien le dedicaron la capilla anexa al Colegio de Niñas, donde los cofrades se reunían y donde, también, eran enterrados. Los santos patronos eran representados en un banderín o guión que generalmente hacían de tela bordada o de plata repujada y cincelada. Este banderín se usaba durante las procesiones, a las cuales estaban obligados a asistir "pena de cincuenta pesos oro" impuesta a la cofradía que no se presentara. En 1701 las cofradías se convirtieron en mayordomías, las que a su vez fueron canceladas por las Leyes de Reforma, transformándose en asociaciones laicas en 1861. Ésta fue, en general, la evolución de los gremios, que fueron suprimidos por las Cortes de Cádiz en 1813.

El comercio fue también sometido a una regulación, pues, al mismo tiempo

Madeja de seda mixteca.

*Que los veedores o cualquiera de ellos visiten las casas de los tejedores y otras personas de quien se tuviere sospecha de que no cumplen lo susodicho para que les vean las telas y telares y toda la seda que tuvieren en arcajal e hilada, teñida o por teñir y den razón declarando juramentadamente de quién la compraron y a qué precio.*

**Francisco del Barrio Lorenzot**

que los artesanos se multiplicaron, la seda comenzó a escasear. La competencia que su adquisición provocaba, hizo que los gremios la compraran sin mayores exigencias de su parte. Con el fin de suprimir a los intermediarios y evitar así precios exagerados, se obligó a los productores a informar anualmente al virrey sobre el monto exacto de sus cosechas; tanto su venta como su modo de empleo estaban bajo supervisión del virrey. Los mercaderes debían registrar sus cargas al llegar a la aduana de la ciudad declarando el costo; luego debían ofrecerlas durante seis días al mismo precio que las habían comprado, y únicamente después de ese tiempo tenía lugar la que se consideraba venta "libre".

Las disposiciones resultaban tan estrictas que los comerciantes se rebelaron en más de una ocasión y, o se fingían productores, o bien se negaban a transportar la seda para revenderla al costo. El transporte, si bien en ciertos aspectos era sencillo, implicaba gastos y esfuerzo, pues la seda se producía en sitios lejanos al lugar de venta y, en general, de difícil acceso. En 1558 se establecieron finalmente leyes más equilibradas, según las cuales el comerciante debía vender su seda en el mercado público: la mitad al costo y la otra mitad sin condiciones.

Para evitar la venta de seda robada, se dictó en 1576 una nueva ordenanza en la que se estipulaba "que ninguna persona de cualquier estado o condición hombre, mujer, texedor o no texedor, español, mestizo, mulato, esclavo, ni otro alguno compre seda en asarja, ni en rodete, ni en cubillo, ni en madejuela, ni en su cadejo, ni en cañones, teñido ni por teñir, a indio, india, esclavo, mulato u otra persona sospechosa si no fuere de persona conocida o de mercader que trate de seda o del criador de ella; pena por la primera vez de veinte pesos de oro de minas y por la segunda doblada... Y si fuere texedor o mercader de seda privación de oficio por un año preciso, y si fuere mestizo, negro o mulato le sean dados doscientos azotes públicamente".[27]

El control de calidad también fue estricto, pues, al hilar, algunos artesanos hacían muchas trampas: le mezclaban borra a la seda, metían hilos de mala cali-

Elvira Espinosa Galindo, de San Mateo Peñasco, torciendo la seda.

Sacando la seda de los capullos ya descrudados.

dad en medio de las madejas o las mojaban para que pesaran más. Con objeto de evitar éstos y otros fraudes, se establecieron diversas ordenanzas que combatían la adulteración y exigían pesos justos. Las madejas debían hilarse con seda de una misma clase y dejarse flojas para que pudieran ser examinadas. Un juez veedor y sellador marcaba los mazos ya revisados con sellos especiales impresos a fuego y lacrados en plomo. Las provincias y los criadores registraban su sello en el Cabildo. Los veedores tenían a su vez unas tablas en las que estaban grabados los diferentes sellos; con ellas identificaban los mazos determinando su procedencia y su calidad.

Cuando empezaron a llegar madejas de China, el gremio de los sederos pidió que también fueran revisadas, pues aunque supuestamente eran de mejor calidad, "se siguen muchos daños de no inspeccionarla y verla porque la mayor parte viene dañada por echarla en agua de arroz y por esta causa el obraje que se hace con ella se abre y es falso".[28]

A los españoles se les cobraba la inspección. En cambio, si los vendedores eran indígenas, el que pagaba dicho trámite era el comprador. En 1576 don Martín Enríquez estableció que "ningún español, ni otra persona, sea osado de vender ni tejer ni en ninguna manera beneficiar ninguna seda si no fuere que cada mazo sea registrado ante los dichos veedores; y visto ser buena y que se debe pasar, le echen el dicho sello en la atadura del mazo, so pena de perdimiento de tal seda".[29]

Gracias a este control, los gremios quedaban protegidos contra el abuso de los productores y los hilanderos, y los consumidores a su vez contra las trampas de los gremios. Todo el movimiento comercial se realizaba en el mercado abierto de la Alcaicería y en la calle de San Agustín, donde vivían los sederos. Los precios locales eran tan buenos que sólo quedaba una mínima parte de seda para exportarla a España, Filipinas, Centroamérica y Perú. Mas, para 1562 la abundancia de fibra hizo posible que ésta figurara en las exportaciones novohispanas.

Zarzo doble de carrizo para la crianza del gusano.

Además de la suma cobrada por la inspección de las madejas, la seda pagaba otros tres impuestos. El *almojarifazgo* o impuesto por derecho de exportación, fijado en 1571, exigía el 2.5 por ciento de la seda que salía de Nueva España. La *alcabala* era el impuesto de venta y correspondía al 2 por ciento del total; los indígenas no pagaban alcabala por la seda que producían y comerciaban entre ellos. Por último se cobraba el *diezmo*, que era en realidad otro impuesto ya que el pago era obligatorio y de propiedad real; luego de ser cobrado, el rey le daba a la Iglesia permiso para usarlo. Irónicamente, el diezmo se fijó en 1501, mucho antes de que hubiera seda en Nueva España y cuando apenas se hablaba de la posibilidad de introducirla. En 1539 se dispuso inicialmente la entrega de uno por cada diez capullos. Los indígenas pagaban diezmo sobre la seda y otros productos, como el trigo y el ganado.

Con la abundancia de seda y el interés de los colonos por ostentar sus nuevas fortunas, la costumbre de vestir ropa de seda se volvió tan común que, en 1529, Zumárraga mandó una carta al rey rogándole "que se prohíba el uso general de la seda, que se permita sólo a personas de calidad pues hasta los más pobres la usan y hay que ver los problemas que esto acarrea..., que las sedas son acá tan comunes que hombres oficiales, mecánicos y criados de otros de baja suerte y mujeres de la misma calidad y enamoradas y solteras andan cargadas de sedas, capas y sayos y sayas y mantos y de esto se sigue mucho daño a la tierra porque se gastan y destruyen los vecinos y quedan pobres y adeudados y sólo los mercaderes y tratantes son los que medran... y lo que es peor, para mantener esta seda además de quitar los cueros a los indios de su encomienda, valen las cosas a subidos precios".[30] Ya desde 1523, el rey Carlos V había emitido una ordenanza "por excusar los muchos gastos y costas que había comenzado a haber en Nueva España en el vestir especialmente en sedas y bordados; y porque lo que los hombres adquirían con tan grandes trabajos, lo gastasen en cosas que les fuere de más provecho".[31] Pero todavía en 1585, Antonio de Ciudad Real afirmaba que los in-

dígenas traían "por capa una manta larga de algodón anudada por encima del hombro a manera de los mantos que usan las gitanas en Castilla, pero muy labrada de hilos de colores y aun de seda con flecos de lo mismo".[32] Thomas Gage, al hablar del vestido de las esclavas mulatas, comentó que "su traje es una falda de seda con encaje de oro y plata..., las mangas son anchas y abiertas al final, tejidas con sedas de colores y el peinado está entretejido con seda clara"; llevaban también "una falda de rica seda que cuelgan del lado izquierdo mientras que en su brazo derecho sujetan la parte inferior más como muchachos que como honestas doncellas".[33]

Si se aprecia bien, se verá que las ordenanzas reales no siempre se cumplieron con formalidad. Gracias a los privilegios de que gozaban los encomenderos, los indígenas fueron explotados y arrinconados en las tierras menos fértiles. A pesar de los azotes y las multas, los naturales aprendieron a tejer y, de acuerdo con Bernal Díaz, entre los indios había "oficiales de tejer seda, raso y tafetán"[34] y Motolinía afirmaba que los indios hacían "guantes y calzas de agujas de seda y bonetillos de seda y también son bordadores razonables".[35] Los mazos de seda eran adulterados y se vendían clandestinamente y, en cuanto al vestir, "certifico a V.M. que mujeres de oficiales y públicas traen más ropas de seda que un caballero de Castilla".[36]

Penca de maguey con mariposas. Mixteca Alta.

# Su decadencia

*No sé de cierto el fin que tuvo, ni la causa que hubo para acabarse, sólo sé que ya no la hay, ni aún morales que puedan servir de memoria.*

Fray Juan de Torquemada

Pese a que el cultivo de la seda logró tanto éxito en Nueva España gracias a las ventajas del clima, a la existencia de moreras silvestres y a la mano de obra indígena diestra, abundante y barata, ya para 1576 la industria estaba en plena decadencia. Entre las muchas causas que se mencionan, algunas resultan exageradas y opuestas, y otras rebatibles y poco convincentes. El argumento más discutible al respecto afirma que fueron los indígenas quienes, por pereza y negligencia, provocaron la decadencia de la industria. Francisco López de Gómara dice acerca de este punto que "por ser ellos perezosos... los indios lo procuran mal y poco diciendo que es trabajoso".[37] Antonio de Alcedo asegura también que "la decadencia puede atribuirse a los naturales de los pueblos poco inclinados al trabajo y naturalmente sediciosos".[38] Sin embargo, encontramos también opiniones divergentes, como la de Pedro Ledesma, quien escribe en 1563 sobre la prosperidad de la industria de la seda: "Y los indios están diestrísimos en criar la seda."[39]

Para poder llegar a conclusiones más seguras hay que analizar e interrelacionar un conjunto de factores determinantes que coincidieron hacia el último cuarto del siglo XVI. En primer lugar, la mano de obra, esencial para que la industria prosperara, y en un principio tan accesible, comenzó a escasear. A mediados del siglo XVI, las reformas de los Habsburgo abolieron definitivamente la esclavitud indígena, y la mayoría de los indios libres decidió abandonar la industria de la seda. Por otro lado, los grupos indígenas fueron diezmados por terribles epidemias, como las que se abatieron sin control de 1575 a 1577 y de 1581 a 1592, y que redujeron la población nativa prácticamente a la mitad. A Tiripitío, el centro productor más importante de Michoacán, "hanla dejado por las muertes de tantos como murieron en esta pestilencia".[40] Los sobrevivientes tuvieron que dedicarse a los cultivos básicos. En Pátzcuaro la población disminuyó de catorce mil indios a sólo cinco mil, en el año de 1581. Esta drástica disminución del volumen de la mano de obra afectó de manera definitiva el cultivo intensivo de la seda.

Otra causa determinante de la decadencia de esta industria fue el desarrollo del comercio con el Oriente. En 1573 llegó de Filipinas el primer barco cargado, entre otras cosas, de telas y ropa de seda china que, aunque de menor calidad que las novohispanas, eran mucho más baratas. "Cada galeón de Manila traía generalmente a Acapulco cincuenta mil pares de medias de seda sin contar otras manufacturas de la misma materia".[41] En 1579, la importación de seda se consolidó; empezaron a llegar cargamentos de damascos, satines, telas y madejas de todos colores. De acuerdo con diversos estudios, la entrada de esta mercancía desalentó a los productores locales, pues no todos se sentían con los recursos y la capacidad suficientes para competir.

El Alcalde Mayor de Querétaro comentaba en 1582, probablemente al pensar en el comercio de esa región: "Viene ya tanta de Filipinas que no habrá necesidad de dar en esta granjería."[42] Sin embargo, el mercado de Nueva España, dice Borah, era tan amplio que —en un primer momento— los productos llegados de Oriente resultaban más bien un complemento favorable. La importación de seda filipina perjudicaba en todo caso a las importaciones de España. Y, sin ser del todo seguro, también a los productores indígenas de Nueva España.

Todavía en 1811 don Juan López Cancelada escribió en su interesante obra *Ruina de la Nueva España si se declara el comercio libre con los extranjeros*: "El progreso del beneficio de la seda y sus tintes, se debe al comercio de Manila. La nao conduce la seda en rama y los mexicanos continúan las demás labores de hilar, torcer, dar tinte, etc., hasta ponerla en estado de manufactura a que se destina: también dan tintes en algunas telas de seda que conduce la misma nao." Cancelada continúa diciendo: "no ignoran tampoco la cría de la seda, particularmente en la Mixteca, y si el gobierno protegiera el plantío de moreras la China no llevaría un real de la Nueva España por este renglón que les hace exhibir mucho anualmente".[43]

La producción indígena de seda floja decayó efectivamente en las últimas décadas del siglo XVI. Es probable que esto obedeciera, principalmente, al comer-

*El único medio de destruir las fábricas del Reino es el que vengan a precios más cómodos de Europa los mismos efectos u otros equivalentes. Así ha sucedido con la gran fábrica y gremio que había de todas especies de tejidos de sedas de que apenas queda memoria.*

**Conde de Revillagigedo**

Acuarela china del siglo XVIII.

cio compulsivo y monopólico de los repartimientos españoles. Los virreyes de ese periodo se quejaron de que los abusos de los oficiales arruinaban la industria y que su avaricia aumentaba la explotación entre los indígenas, provocando con ello rencor y desidia. Si bien al principio los misioneros se erigieron en defensores de los indios, muy pronto su actitud fue perdiendo eficacia o simplemente cambió. A partir de fines del siglo XVI, la mayoría indígena había caído en manos del clero secular, que era igual de explotador que los demás particulares, ya fuesen comerciantes o soldados. Al escasear la mano de obra aborigen, religiosos y encomenderos compitieron entre sí para adueñarse de cuanta población indígena podían, a fin de sacarle el mayor provecho posible.

Lo mismo que los alcaldes mayores y los corregidores, los "beneficiados" del clero secular forzaban a los naturales adscritos en sus respectivas parroquias a venderles la seda a precios que ellos mismos establecían y que representaban la mitad o incluso la tercera parte del precio real de venta. Los indios que no criaban gusanos o que criaban pocos, tenían que comprar la seda para luego malbaratarla. De este modo, se veían forzados a la pérdida económica, pues de lo contrario iban a la cárcel.

Los frailes se opusieron a que los indígenas trabajaran durante la Cuaresma ya que, como ésta coincidía con la temporada de mayor actividad, los indígenas se mantenían tan ocupados que no podían asistir a los oficios religiosos. Argüían que la industria era nociva para el porvenir espiritual de los naturales, si bien su intención era no perder el control que sobre ellos tenían. El virrey Antonio de Mendoza escribió al rey en una ocasión: "Yo he dado orden como se hagan paños y se críe y labre gran cantidad de seda y hanse puesto muchos morales. Esto ha crecido algunas veces y bajado por causa de algunos religiosos que por venir la cría en Cuaresma les parece que los indios no acuden a los sermones y doctrina y por este impedimento otros dicen que para ser cristiano no es menester bienes temporales y así esta granjería y las demás crecen y menguan."[44]

Es comprensible que los indígenas se rebelaran contra una industria que, en vez de ser provechosa, era injusta y representaba un motivo más para que siguieran siendo explotados. En forma semejante, se rebelaron contra el cultivo de la grana y el cacao en Oaxaca. Fue así como llegaron, según cuenta Burgoa, a arrancar en una noche cientos de moreras. Seguramente pensaban que si las plantaciones desaparecían, los dejarían tranquilos. En su obra *Theatro Americano*, Villaseñor y Sánchez insiste en adjudicar la decadencia de la seda americana a la indolencia de los indios. La decadencia, dice, "se verifica no ser defecto de la tierra, porque la mayor parte es pingüe, fértil y amena, sino de sus habitantes no inclinados todos al trabajo y cultivo de ella".[45] Más recientemente, estudiosos como Romero de Terreros insisten en que "la causa principal fue indudablemente la negligencia de los indios, quienes no mostraban el menor interés en el cultivo de las moreras ni en la cría de gusanos de seda".[46] Pero, como veremos más adelante, es precisamente el indígena quien conserva la producción de seda hasta nuestros días, así sea en mínima escala, burda y trabajada con sus métodos propios. Es obvio que si los indígenas fueran tan negligentes como se ha llegado a decir, no hubieran sido capaces de conservar un arte tan laborioso que, en otros tiempos, aprendieron y desarrollaron incluso con excelencia.

Por su parte, los españoles dedicados a la cría del gusano de seda muy pronto se dieron cuenta de que la industria resultaba riesgosa y no era tan rentable como, por ejemplo, la minería. Así pues, muchos de ellos la abandonaron y, hacia 1580, los que persistieron, se limitaron a producir una sola cosecha anual. La segunda cosecha resultaba de hecho problemática debido a que tenía que hacerse en los meses de abril a agosto, que era la temporada en que se cultivaban los granos básicos. Bajo estas condiciones y con el descenso de la población indígena a la que ya se ha hecho referencia, no había suficientes posibilidades para realizar esas dos tareas.

Los gremios urbanos de sederos resultaron incluso beneficiados con las im-

portaciones de Filipinas. Para ellos, la competencia venía a ser un aliciente que los hacía esmerarse en la diversificación de sus productos. Además, mientras que las manufacturas orientales eran de baja calidad, las madejas chinas representaban un complemento en la decadente producción local y, como en general eran de mejor clase que las sedas de Michoacán y Oaxaca, permitían obtener trabajos más finos. De modo que con la seda de Oriente y la manufactura novohispana no sólo se tenía un óptimo mercado local de prendas elaboradas, sino también de exportación. En cambio, se vieron seriamente afectados con la prohibición del comercio intercolonial —especialmente en lo que se refería a Perú— dictada en 1634. En 1673 el virrey Marqués de Mancera escribió: "Solía ocuparse buena porción de esta gente en los hilados y tejidos de seda, así de China como del país, cuando era permitido el comercio con el Reino del Perú, y habiendo cesado con su prohibición lo más de este ejercicio se fue aumentando la plebe en cuya variedad de colores y crecido número habrá reparado ya V. E."[47]

Sea como fuere, la decadencia de la industria sericícola no fue repentina. El proceso tuvo lugar lentamente al irse sucediendo diversos acontecimientos. Hacia 1592, la mayor parte de la seda utilizada procedía de China a través de Filipinas. Justamente en ese periodo los encomenderos ya no querían invertir, la mano de obra era escasa y el mercado se había reducido. Entonces la Corona española decidió hacer una serie de reformas para proteger su propia economía en conflicto. En 1596 el virrey Conde de Monterrey recibió la orden de que prohibiera la resiembra de plantas de lino, cáñamo, vid, olivo y morera. La industria textil de Nueva España había suscitado serias preocupaciones a causa de la fuerte competencia que representaba frente a varios de los principales productos de Castilla. Sin embargo, respecto de la seda la orden se cumplió con disimulo pero nunca abiertamente, pues ya se tenían indicios de su decadencia.

Pese a las restricciones impuestas, la industria novohispana continuó, aunque ciertamente cada vez más débil. Se trataba de una debilidad más o menos rela-

Tocado o tlacoyal de novia mixteca.

*Página anterior*
Huipil nupcial.
Pinotepa, Mixteca Baja
(colección Mapelli-Mozzi).

Huipiles de Huajolotitlán, Mixteca Baja (colección Banca Serfín).

tiva, pues hacia 1605 la región de la Mixteca aún producía alrededor de 1 500 libras de madeja limpia. En 1626 Thomas Gage oyó hablar de la Mixteca como la tierra de la seda, y en 1678 Lionel Waffer mencionó la fabricación de seda en Puebla. De no haber sido considerable aún entonces el cultivo de la seda, no habría sido necesario que en 1679 el monarca español dictara una cédula que ordenaba el derribo de "todos los árboles cuya hoja sirva de alimento al gusano y que se prohiban todos los telares destinados a trabajar la seda".[48] El virrey fray Payo de Rivera recibió la cédula y mandó tirar gran cantidad de moreras. Pero esta actitud, más que aniquilar una industria en plena decadencia, lo que hacía era impedir su resurgimiento.

El virrey Conde de Albuquerque informaba, al iniciar el siglo XVIII, que la prohibición del comercio intercolonial había provocado el cierre de miles de telares tan sólo en la ciudad de México y regiones aledañas. Hacia 1794 quedaban en Oaxaca tres únicos telares, que trabajaban con seda cara, importada. En Puebla, por falta de materia prima, se comenzó la confección de telas combinando seda y algodón.

De cualquier forma, a lo largo del siglo XVIII, luego de haber prácticamente desaparecido la industria novohispana, la seda indígena subsistió porque fue incorporada a la indumentaria tradicional. Sin embargo, la producción dejó de ser comercial: el hilo que se extraía era de tan baja calidad que empezó a conocerse con el nombre de "hiladillo" o "seda gorda", un hilo de textura gruesa y desigual, muy distinto de la llamada "joyante", que era la seda lustrosa, finamente hilada. En 1783, una monja del Colegio de la Compañía de María, que enseñaba a las alumnas a tejer "guantes, gorros y medias", le escribía a una compañera pidiéndole seda europea "porque aquí, además de ser cara es motosa y desigual".[49] Por esos años, en Achiutla, Tilantongo, Tlaxiaco, Chilapa, Teposcolula, Tamazulapan, Texupa y Coixtlahuaca (Mixteca Alta) algunos indígenas pagaban impuestos en seda, desde medio real hasta dos pesos. Fuera de la Mixteca se producía

*Persuadidos "neciamente" de que por esto habían de ser perseguidos, no sólo abandonaron este comercio, sino que inutilizaron los morales.*

**Antonio de Alcedo**

un poco de ella en Ayoquesco y en Quiechapa, al sureste del Valle de Oaxaca. Después de 1776, la producción resultó demasiado insignificante como para tributar. Para entonces, el comercio se llevaba a cabo exclusivamente entre grupos indígenas.

En 1788, con la renovación de los Borbones y la mala situación económica, España cambió su política respecto de sus colonias. El comercio entre ellas se restableció y fomentó; asimismo se estimuló la producción de ciertas materias primas al reducírseles o suprimírseles los impuestos. La meta era fortalecer a las colonias, dotarlas de recursos generados internamente y así explotarlas y enriquecer a la "Madre Patria".

Respecto de la seda, poco fue lo que cambió. Se le recordó al virrey que estaban prohibidos los obrajes, pues competían con el comercio español, y por tanto se intentó únicamente fomentar la recolección y crianza de gusanos silvestres, que eran entonces explotados por los indígenas, tal vez debido a la falta de semilla extranjera o porque las prohibiciones, al fin y al cabo, no los afectaban directamente. Se decidió que España trabajara la seda y dejara de producir la materia prima, la cual podía obtenerse como producto colonial de la misma manera como lo hacían, con buen éxito, sus competidores Holanda e Inglaterra. Por desgracia, el proyecto fracasó.

En 1789 la Revolución Francesa sumió en el caos a Europa. España ya no se preocupó por ayudar a mejorar la industria ni la agricultura en sus colonias y en 1796, durante la guerra entre Inglaterra y España, los productos manufacturados dejaron de llegar a América, o bien lo hacían mediante el contrabando.

En 1792 se escribió un informe para el visitador don José de Gálvez en el que se hacía ver que, puesto que la metrópoli era incapaz de satisfacer la demanda de seda de las colonias, la escasa seda que se producía y trabajaba en Nueva España no representaba un daño, sino que más bien daba ocupación a muchos pobres y ayudaba a surtir el mercado.

Hacia 1790, el virrey Revillagigedo insistió en revivir la industria de la seda, pues consideraba que era la mejor manera de dar trabajo a la numerosa población que se mantenía ociosa. Pero el rey no consideró las ventajas de tales medidas y por tanto no dio su autorización para emprenderlas. Sin el permiso definitivo, los antiguos productores se mantenían en el temor y la desconfianza. Sólo dos vecinos de Querétaro respondieron a pesar de las prohibiciones y le enviaron al virrey un paquete de capullos y once de seda cosechada, que resultaron ser de excelente calidad. Esta seda se produjo en Santiago Jalpan, en la región donde en 1755 Fray Junípero Serra fundó las misiones de la Sierra Gorda.

Con el fin de ayudar a las poblaciones de Yucatán y San Luis Potosí, que necesitaban semillas y adiestramiento, Revillagigedo mandó elaborar un manual sobre la crianza del gusano de seda, que resultó más poético que práctico. Se vio por tanto en la necesidad de encargar a España el *Arte de la cría de gusanos de seda* (1787) de don Juan Lanes y Duval, que era muy eficiente y práctico. Con su información y la de una *Memoria* de la Sociedad Económica de Madrid, se imprimió un nuevo manual que empezó a distribuirse en 1793.

En 1796 el virrey Branciforte obtuvo ciertas concesiones, pero tampoco logró entusiasmar a la gente. Además, la ayuda que se dio no fue la adecuada; en vez de enviar artesanos con experiencia para que adiestraran a los agricultores indígenas, se enviaron manuales a las regiones donde sólo el señor cura y unos cuantos más sabían leer. Es comprensible que esta sola medida no ayudaba al fomento de un cultivo que requería de cuidados especiales. Unos pocos emprendedores se arriesgaron de nuevo a trabajar la seda. Entre ellos, don Miguel Hidalgo y Costilla que, como menciona Lucas Alamán en su *Historia de México*, dejó de ocuparse de la administración espiritual de sus feligreses y "se aficionó a la lectura de obras de arte y ciencias y tomó con empeño el fomento de varios ramos agrícolas e industriales en su curato",[50] entre ellos el cultivo de la seda. En efecto, mandó sembrar moreras en sus tierras con el claro propósito de difundir y ense-

Casulla usada por el cura Hidalgo en la Hacienda de la R, Guanajuato.

ñar la cría de gusanos; con la seda, de paso, le eran tejidas prendas de uso personal. La noche del 15 de septiembre se amotinaron con él, entre otros, varios sederos. Hidalgo trabajaba sin orden ni rigor, como un aficionado. Abad y Queipo comentó alguna vez: "La revolución fue como la cría de gusanos de seda y tales fueron los resultados."[51]

Al proclamarse la Independencia de México, la industria quedó en plena libertad pero, debido al caos y a la falta de condiciones propicias, nadie quiso arriesgarse a invertir. Comenzó una etapa de inestabilidad casi permanente, de luchas civiles de carácter político y racial que causaron graves daños materiales por lo menos hasta 1821. Para entonces, varios hombres ilustrados que formaron parte de las diversas legislaturas de la nueva nación formularon planes y proyectos para mejorar la agricultura, la ganadería y la industria. Poco se logró al respecto. El extenso e internamente incomunicado territorio nacional no podía garantizar en tales condiciones un desarrollo económico coherente; la inestabilidad política fue el clima de casi todos los gobiernos que siguieron a la caída del Imperio de Iturbide, así que los planes económicos, e incluso los proyectos sociales y culturales, adolecieron de una letal falta de continuidad.

De 1821 a 1850, durante los treinta años que siguieron a la Independencia, el país continuó desorganizado, sin paz, desarrollo económico, concordia social ni estabilidad política. Durante ese periodo hubo poco más de cincuenta gobiernos, casi todos producto de rebeliones, pronunciamientos y cuartelazos. Cada localidad del territorio de México cayó en el autoconsumo; cada región produjo lo estrictamente necesario para satisfacer las necesidades básicas; había una falta total de integración entre una región y las otras; el comercio y el mercado estaban desarticulados.

En cuanto a la sericicultura, un arancel aduanero estableció elevados derechos sobre la seda en rama y labrada. Más que proteger a la industria, tal medida sólo veía la manera de acrecentar los fondos públicos, entonces tan escasos, por

*Propagó el plantío de moreras para la cría de gusanos de seda de las cuales existen todavía en Dolores ochenta y cuatro árboles plantados por él, en el sitio a que se ha dado el nombre de las moreras de Hidalgo y se conservan los caños que hizo hacer para el riego de todo el plantío.*

Lucas Alamán

Estola bordada con seda, de un ornato hecho en México, siglo XVIII.

medio del impuesto. En 1823, al proclamarse la República luego de la caída de Iturbide y tener lugar el Congreso Federal Constituyente, se declaró nulo, por los siguientes diez años, el impuesto de la alcabala, la primicia, el diezmo o cualquier otro derecho sobre la seda cosechada en el país. La suspensión de este impuesto se hizo extensiva en el Distrito Federal, en 1828, a los tejidos de seda de fabricación mexicana y, en 1837, rigió en todo el país. En 1824 se había prohibido la introducción de calzones de seda, capotones, chalecos, chupas, galones, encajes, puntillas y ropas hechas de todas figuras. Por entonces, el Galeón de Manila desembarcaba anualmente en Acapulco unos doce mil kilos de seda cruda.[52]

Hubo diversos intentos, de cortos alcances y a nivel local, para apoyar la sericicultura. En Oaxaca, varios gobernadores decidieron fomentar las industrias que, de acuerdo con sus estadísticas, habían florecido en tiempos de la Colonia, en especial las cultivadas por los indios. En San Luis Potosí se sembraron por primera vez plantaciones de morera. Por iniciativa de Alamán, fue fundado el Banco de Avío en 1830, que, entre otros proyectos, estableció en Coyoacán un modesto taller de adiestramiento en el arte de la seda. Según Alamán, "la cría de la seda, que fue en tiempos pasados un ramo de mucha importancia, es de aquellos que sólo necesitan darles dirección para que vuelvan a florecer pues examinados los elementos que para ello existen, se halló que son muy abundantes".[53] Al año siguiente el Banco de Avío hizo esfuerzos por introducir la industria en Celaya, lugar donde abundaban moreras. En 1832 la seda fue llevada al estado de México. Por desgracia, el caos resurgió con la guerra de independencia de Texas en 1835.[54] Alamán, entristecido, informaba: "Todo prometía el resultado más feliz, y el movimiento dado a la industria parecía que iba a conducirla al más alto punto de prosperidad, cuando la guerra vino no solamente a paralizarlo todo, sino también a destruir lo que ya se había adelantado."[55] Los problemas políticos nacionales, que no parecían tener fin, continuaron con la Guerra de los Pasteles y las rebeliones indígenas de 1837.

Con renovado entusiasmo, el francés Esteban Guenot fundó la Compañía Michoacana para el Fomento de la Seda, en 1840. Se sembraron moreras en Uruapan y Los Reyes y se mandó importar de Europa maquinaria para industrializar la seda. Fue entonces cuando se introdujeron, con el apoyo del Banco de Avío, los primeros husos y telares mecánicos, que impulsaron también el cultivo del algodón en México.

El gobierno pidió ayuda tanto a nacionales como a extranjeros para desarrollar una industria aparentemente prometedora. Pero en 1847 dio comienzo una nueva crisis, esta vez con la guerra contra Estados Unidos, en la que México perdió más de la mitad de su extenso territorio.

En 1850 aumentaron los contactos con el exterior, llegaron artesanos de Francia, Alemania e Inglaterra. En la capital, por ejemplo, fue establecida la fábrica de los señores Francos y Prattle, famosa por sus rebozos premiados en la Feria de París de 1855. El suizo Antonio Rezzonico, representante de una compañía extranjera, sembró moreras en Zacatlán, Puebla, donde se propuso instalar una pujante industria. En 1853, Alamán fundaba la Secretaría de Fomento en tanto que insistía en las ventajas de la seda. Sin embargo, una nueva convulsión política, la Revolución de Ayutla, de 1854, vino a echar por tierra esos nacientes proyectos.

En el Porfiriato la apertura al exterior fue mucho más amplia. Los europeos proponían grandes empresas y hablaban de la industria sedera como si se tratara de una innovación, de algo que nunca antes se había sugerido o intentado. Interesado el gobierno en promover la industria, y aparentemente con un conocimiento muy limitado de su auge colonial, la Secretaría de Fomento mandó hacer, a fines del siglo XIX, una serie de estudios.[56] Camilo Tolis investigó en Oaxaca; Mariano Bárcena e Hipólito Chambon trabajaron en Jalisco. El embajador mexicano en Bruselas por esos años, Ángel Núñez Ortega, redactó una primera historia, minuciosa y bien documentada, acerca del cultivo de la seda en México. Esta obra

*¿Ignora usted que se ha establecido una dirección del Banco de Avío para fomentar la industria de la seda y que ésta ofrece premios y habilitación a todos los hombres industriosos que se dediquen a tan útil y lucrativo entretenimiento?*

Tomás Yllanes

fue complementada, pocos años después, con el estudio de García Icazbalceta. Las diversas investigaciones dieron a conocer la importancia que había tenido la seda en México y presagiaban un promisorio porvenir pues, si se consideraba la abundancia de moreras silvestres y el clima favorable, era posible, como observara Motolinía, obtener dos cosechas anuales. Más importante aún: se constató que la seda no había nunca dejado de trabajarse en México. Como explica Tolis: "En muchos pueblos del Estado [Oaxaca] se educa al gusano de seda... Algunos hacendados ricos lo hacen en pequeña escala sólo por diversión, el indio lo hace por sacar unas libras de capullos para tejer un par de ceñidores."[57] El problema estaba en que, como trabajaban sin orden, las cosechas no eran seguras ni apreciables, ni había tampoco algo que pudiera considerarse un mercado del producto. Como es de suponerse, esta actividad había permanecido en un nivel artesanal, en el que para hilar y tejer se utilizaban implementos rudimentarios de fabricación casera y una materia prima de baja calidad.

Sólo el gobierno o algún filántropo podían dar el apoyo necesario. Era importante perseverar, pues la sericicultura permitiría crear fuentes de trabajo con la ventaja de que los beneficiados serían los ancianos, las mujeres y los niños, quienes podrían obtener un buen ingreso sin desempeñar un trabajo agotador ni tener que salir de sus casas. Podrían también dedicarse a hilar, torcer y teñir la seda. Incluso podrían vender luego las madejas que, a su vez, serían la materia prima del proceso de trabajo de cientos de obreros. Esta industria familiar prosperaría en los lugares de difícil acceso, mejorando las condiciones económicas de muchos campesinos. El adiestramiento adecuado quedaría a cargo de los maestros, que serían los nuevos misioneros. También se pensó en dar trabajo a los presos, huérfanos y desvalidos. En el Hospicio Cabañas de Guadalajara se intentó "producir la cantidad de seda capaz de ayudar al establecimiento del plantel y dejar una buena ganancia para cada asilada".[58]

El interés del gobierno creció ante los resultados obtenidos. Fueron estable-

*Páginas anteriores y siguiente*
Muestrario de sedas francés del siglo XIX.

cidos algunos centros de capacitación y adiestramiento, así como campos experimentales; se publicaron nuevas cartillas describiendo los métodos de producción y se organizaron viveros. De acuerdo con García Icazbalceta, "con firme pie se puede entrar en la empresa de restablecer lo que ya existió".[59]

Porfirio Díaz dio orden de que se propagara la morera y mandó traer huevecillos de Asia y Europa. La Secretaría de Fomento y el italiano José Fulcheri firmaron un contrato "para el cultivo de la morera, la cría del gusano de seda y la filatura del capullo en toda la nación".[60] Se organizó una compañía llamada Empresa Mexicana de Industria Sericícola, con sede en la ciudad de México. Por entonces, la seda se cultivaba y trabajaba también en Monterrey y otros puntos de Nuevo León, así como de Jalisco y Colima, y en Uruapan y Tehuacán; siempre con apoyo oficial. Núñez Ortega comentó: "Se ve que la mano del gobierno ha tenido que intervenir de continuo en este problema, porque es de aquellos que parece no poder desarrollarse a la sombra sólo del esfuerzo y la iniciativa individual... Casi en toda la extensión del país se han hecho ensayos, en su mayor parte felices, pero... nunca se han llegado a establecer de un modo serio y los ensayos no han sido nunca duraderos."[61] A pesar de todos los esfuerzos, hacia fines del siglo XIX se importaban aún grandes cantidades de seda de Asia y Europa, principalmente de Francia.[62] Por otra parte, el trabajo en México se había emprendido, pero no en la escala necesaria como para satisfacer las exigencias del mercado interno.

En 1933, Jorge F. Iturribarria escribió una pequeña historia sobre el desarrollo de la seda en Oaxaca. Su investigación proponía que se prosiguiera el apoyo del cultivo sedero en esa región y mencionaba unos campos experimentales que el gobierno tenía en Tamazulapan y Nochixtlán. Hacia los años cuarenta, los antropólogos redescubrieron la seda, que seguía trabajándose entre unos cuantos grupos indígenas. Según los Cordry y Chloë Sayer, en la Mixteca la llamaban "hiladillo" y era utilizada principalmente para confeccionar fajas ceremoniales de hombre. Hasta hace unos años, la trabajaban también los otomíes de San Pablito, en la sierra de Puebla. Desgraciadamente, en 1950 una campaña de fumigación que combatía el paludismo provocó estragos entre los sederos de la zona Mixteca, pues junto con el mosquito murieron miles de gusanos. Existen datos aislados que indican que aun recientemente las chiapanecas y las tehuanas bordaban sus vestidos con hilos de seda. También las mujeres bordaban con seda en San Sebastián Zinacantepec, cerca de Tehuacán; en Amatlán, Veracruz, y en Zitlala, Guerrero, y tejían en Tolimán, Querétaro.

Actualmente, se tejen rebozos de seda en Santa María del Río, y el hiladillo se sigue produciendo en San Francisco Cajonos, San Miguel Cajonos, San Pedro Cajonos, Yaganiza y Xagasia, pueblos todos de la sierra zapoteca de Ixtlán de Juárez, y en San Mateo Peñasco, en la Mixteca.[63] Con nuevo apoyo de parte del gobierno, se están organizando viveros en Macuilxochitl, población zapoteca cercana a la capital oaxaqueña, y hay planes para establecer centros de trabajo en San Mateo Tlapiltepec y en Santiago Ihuitlán Plumas, donde hay moreras silvestres aprovechables.

Detalle del bordado en un capote de paseo de torero.

# La seda silvestre

*Para la seda hay muchos sitios convenientes como la hay silvestre en el Obispado de Oaxaca, muy parecida a la que se beneficia con los gusanos de seda de Europa y Asia.*

**Conde de Revillagigedo**

Además del gusano *Bombix mori*, existen otros gusanos de cuyos capullos también se obtiene seda. Aunque algunos han sido más o menos domesticados, la mayoría vive en forma silvestre y los capullos simplemente se recolectan. A la fecha se conocen más de quinientas variedades de gusanos sederos. Dos diferentes especies de la familia *Saturnidae* permiten obtener en la India y en China una seda burda llamada *tusor*. Los japoneses aprovechan la seda de los gusanos *yama-mai*, que han sido cultivados durante años con gran cuidado y reserva. Ninguna de esas sedas llega, sin embargo, a tener la calidad de la del gusano de la morera, domesticado y seleccionado desde largo tiempo atrás.

En México existen varias especies de gusanos aborígenes, que abundan en la temporada de secas. De acuerdo con diversas investigaciones, hay tres especies útiles para la elaboración de textiles. Los *cupiches*, que viven en los árboles del madroño; los *pochocuiles*, que lo hacen en el encino, y "la gusanera", que crece en los árboles del huejote.[64] Estos gusanos se caracterizan por ser gregarios y tejer en grupo un sólo capullo que parece nido; tiene, en un extremo, un pequeño orificio por donde los gusanos entran y salen. Alrededor de ochenta animalitos entrelazan sus hilos de tal forma que resulta imposible separarlos. Las bolsas pueden pese a todo deshacerse por capas, las cuales se trabajan de la misma manera que el algodón, la lana o la borra de los capullos individuales. La recolección se hace antes de que empiecen las lluvias. Los gusanos del madroño, llamados sanángatas, huenches, conduchas, chama o ñama, según la región de que se trate, son apreciados no sólo por sus capullos, sino también por ser comestibles. En Apoala, Oaxaca, hay quienes incluso los crían para tal fin. Los del encino y los del huejote no se comen debido a su capa velluda; son los que comúnmente llamamos en México azotadores. En la sierra de Puebla los otomíes llaman a los gusanos del huejote *oni* o *tox-io* (torta de gusanos). La seda que se obtiene se conoce como seda silvestre, seda de monte, seda cimarrona o cuauhtaseda.[65]

Motolinía fue quien primero mencionó los gusanos silvestres: "En esta tierra antes de que la simiente viniese de España yo vi gusanos de seda naturales y su capullo; mas eran pequeños y ellos mismos se criaban por los árboles sin que nadie hiciese caso de ellos, por no ser entre los indios conocida su virtud y propiedad."[66] En 1580, Bravo de Lagunas, Alcalde Mayor de Jalapa, describe los capullos que se forman en los encinos: "Hay encinos en los que sin la ayuda humana crecen un gran número de capullos de seda grandes como sombreros. No se les explota porque ni los indios, ni los españoles saben hacer uso de ellos."[67] Joseph de Acosta por su parte, al mencionar la seda, afirma que "no la había en tiempos de los indios".[68] Torquemada, hablando de las mantas que se vendían en el mercado de México, dice que las más engalanadas eran tejidas con colores y algunas "después de la llegada de los castellanos" con hilo de oro y seda de varios matices. Habla también de una capa que tenía "un ribete muy galanamente labrado de algodón y pelo de conejo, hilado y teñido como seda".[69]

Clavijero, en cambio, comenta en 1780: "Además de la seda común hay otra de excelente clase, muy blanca, suave y resistente que se encuentra con frecuencia en los árboles de las costas, particularmente en los años que llueve poco... pero únicamente se sirven de ella algunos pobres."[70] Fray Francisco de Ajofrín, refiriéndose a su vez a la región de Suyaltepec, Veracruz, en su descriptivo diario de viaje, dice que recogen miel silvestre y "seda cimarrona, que uno y otro lo producen estos campos sin cultivo alguno y no en poca abundancia".[71]

A fines del siglo XVIII, cuando el virrey Revillagigedo insistía en que se permitiera seguir cultivando la seda en Nueva España, el científico mexicano José Antonio de Alzate envió a los botánicos de la corte española una muestra de seda silvestre. El rey pidió un informe al respecto, el cual se encargó por una parte a Alzate y, por la otra, a Martín de Sesse, entonces director de la Real Expedición Botánica, que llevaba a cabo un trabajo de catalogación de la flora novohispana. De acuerdo con Sesse, la explotación del gusano silvestre resultaba difícil y antieconómica y, "no habiendo un interés particular que los moviese a mirar por

*La naturaleza destinó a los gusanos de seda a que viviesen como las demás orugas, sobre los árboles y bajo de un aire libre y puro.*

**Miguel Jerónimo Suárez y Núñez**

la conservación del insecto, muy pronto lo aniquilarían... La azarosa recolección de los capullos silvestres nunca podrá competir con la sericultura de las moreras".[72]

Pese a las dificultades y el desaliento que éstas infundían, y que fueron causa de que los informes nunca se publicaran pues terminaron por perderse, hubo proyectos de cría de gusanos, como se desprende del informe del naturalista alemán Carl Sartorius (1870) a la Sociedad Mexicana de Geografía y Estadística. Éste comenta que en Huatusco, Veracruz, se intentó introducir la cría entre las familias de los operarios, y "aunque criaron buenos capullos el primer año, no conservaron bien la semilla y se perdió todo".[73]

Alejandro de Humboldt, a su vez, había escrito a principios del siglo XIX: "La Nueva España ofrece varias especies de orugas indígenas que hilan seda semejante a la del *Bombix*... y de estos insectos proviene la seda de la Mixteca".[74] Luego describe cómo, en Michoacán y al norte de Guanajuato, brotan de los madroños unos gusanos que viven en colonias y tejen sus capullos en sociedad, entrelazando la fibra. Los nidos son de una notable blancura y están formados por capas que es posible separar fácilmente. Los antiguos mexicanos pegaban estas capas unas sobre otras hasta formar un cartón blanco y lustroso. Respecto a la posibilidad de tejerla, opina Humboldt que "será casi imposible sacar partido de ella a causa de la dificultad que hay para devanarla", pero asegura haber comprado en Chilpancingo unos pañuelos de seda silvestre, "áspera al tacto como la de ciertas telas de la India, que también se hacen con la seda de insectos muy diferentes al gusano de la morera".[75]

Varios años después, el viajero y explorador alemán Eduard Mühlenpfordt afirmó que en Chilpancingo, en la región de la Mixteca y la de Tehuantepec, eran tejidos pañuelos, chales y bandas de seda aborigen. Según otros informes, al sur del Istmo "hay bolsas de seda silvestre de las que no deja de aprovecharse la industria de las tepehuantepecanas".[76] Asimismo, cerca de Zacapoaxtla, en el esta-

*El gusano es velludo, de un color castaño. No come de día y teme la claridad; vive en sociedad y teje una bolsa de una seda fina y tenaz que sirve de retiro de día para toda la familia.*

Carl Sartorius

Capullo de gusanos de encino. Mixteca Alta.

do de Puebla, se hacían diversas prendas de cuauhtaseda, y en la Huasteca potosina los indios refugiados en la sierra después de la Conquista, tejían bandas con los capullos del encino, como actividad casual y no muy frecuente debido a la escasez de bolsas, que sólo aparecían en ciertas temporadas.

En 1831 don Joseph Cowley, que presentó un estudio sobre Chalcatzinco, habla de unos gusanos que se agrupan en una especie de bolsa suave que ellos mismos forman en la corteza de los encinos. Esta bolsa daba origen a una fibra bastante fina que llaman "seda de monte". No es una hebra que pueda devanarse; es más bien la mota que se hila con el huso y de la que se forman tejidos bastante regulares, "pero no aquí, que se abandona sin saber por qué".[77]

Pese a los datos anteriores, no es posible determinar exactamente si la seda silvestre era o no aprovechada en la época prehispánica. Hasta ahora, no hay ninguna evidencia arqueológica que ayude a resolver el problema. Algunos historiadores, entre ellos W. Borah, consideran que la explotación de estos gusanos debe haber empezado a fines del siglo XVI, puesto que no la mencionan, como antecedente, los primeros cronistas ni tampoco personas tan interesadas en el arte de la seda, como Gonzalo de las Casas, que con tanta entrega trabajó en Oaxaca. Así pues, los primeros datos corresponden al siglo XVII, y para entonces el trabajo podía realizarse por imitación, tal vez como resultado de la decadente producción de la seda en Nueva España, a que condujeron las sucesivas prohibiciones impuestas al cultivo de la morera y a la crianza del gusano importado. Según este punto de vista, el uso de la seda silvestre comenzó en cierta zona cercana a la Mixteca Alta, y de allí se difundió hacia las costas de Oaxaca y la zona del Istmo de Tehuantepec, dirigiéndose hacia Chiapas y, tal vez por las rutas del comercio poblano, llegó a Zacapoaxtla y la Huasteca.

Otros investigadores, entre ellos algunos estudiosos de los textiles indígenas como Johnson, los Cordry y Christensen,[78] consideran que el aprovechamiento de los capullos pudo ocurrir desde tiempos prehispánicos, aunque en pequeña es-

Capullo del gusano del madroño. Sierra Zapoteca.

cala y sólo en áreas restringidas. Afirman además que es muy difícil distinguir en un textil la seda que ha sido combinada con el algodón. Hay que considerar que la seda silvestre se utiliza en general para decorar, pues como no se produce, sino que se recolecta, se obtiene en cantidades relativas y variables. Además, tiñe con mayor facilidad que la seda extranjera y el algodón, de modo que, de preferencia, se usa entintada. Por otra parte, la fibra es tosca pues se limpia y se tuerce a la manera del algodón, sin hervirse ni extraer el hilo, como en el caso de la seda del gusano de la morera. De modo que burda y teñida es difícil de reconocer a simple vista, principalmente si se halla entretejida con algodón muy fino. Cuando fray Bernardino de Sahagún describe los atavíos de los señores dice, al referirse específicamente a las mantas: "Es de notar la habilidad de las mujeres que las tejen, porque ellas pintan las labores en la tela cuando la van tejiendo y ordenan los colores en la misma tela conforme al dibujo."[79]

Debemos también considerar varias palabras del náhuatl, referentes al gusano de seda, incluidas en el *Vocabulario* de fray Alonso de Molina (1555) y en el *Diccionario* de Siméon. Así por ejemplo, tenemos:

— *tzauhqui ocuilin*: de *tzaua* (hilar) y *ocuilin* (gusano); "gusano que hila".
— *ocuilicpatl*: de *ocuilin* e *icpatl* (hilo); "hilo de gusano".
— *ocuiltzahualli*: "hilo de seda", "seda".

En lengua zapoteca existe el término *belalobeyo*: de *bela* (gusano) y *lobeyo* (seda), es decir "gusano de seda".

Cuesta trabajo aceptar que esas palabras indígenas, transcritas tan pronto después de la Conquista, tuvieran su origen en un arte recién importado. Las cosas nuevas se nombraron, por lo general, con términos híbridos que resultaron del mestizaje, como en el caso de la palabra cuauhtaseda, cuyo uso es, sin embargo, muy posterior.

Otro punto a considerar es el de que a lo largo del siglo XX e incluso actualmente, si bien con menor frecuencia, la seda silvestre se ha seguido trabajando

Mariposas y capullo de gusanos del madroño. Sierra Zapoteca.

Capullo de gusanos del huejote. Sierra de Puebla (fotografía de Bodil Christensen).

en diversas zonas de México. En San Pablito, sierra de Puebla, los otomíes trabajaban hasta hace unos años los nidos, también llamados "torta del gusano de seda", de la mariposa nocturna *Clisiocampa azteca*, que se cría en los huejotes.[80] Los zapotecas de San Pedro Cajonos recolectan los capullos del madroño y, además de comerse los gusanos, utilizan la seda para fabricar cordones con los que las mujeres suelen sujetarse las trenzas.[81] Asimismo, los mixtecos de Santa María Peñoles colectan los capullos del encino para luego procesarlos. Los gusanos son llamados *tintuv'a yucu*, que significa "gusanos de monte", aunque en otros pueblos de la Mixteca Alta, como San Mateo Peñasco, se les conoce también por *pochocuiles*, término que, aunque según los mixtecos es el nombre "en castilla", viene del náhuatl *pochotl* (pochote), árbol de la familia de las ceibas, y *ocuilin*, que como ya sabemos quiere decir gusano.

Curiosamente, el pochote produce una fibra llamada "algodón pochotero", que se usa para rellenar cojines y colchones. El médico y naturalista español Francisco Hernández comenta que el *zaquanquahuitl* o "árbol bandera", llamado por otros árbol pochote, "es un árbol grande... con fruto... lleno de pelusa fibrosa, blanca, brillante poco o nada diferente de hilos de seda flojos y ondulados, que podría tejerse fácilmente, según lo comprobamos en un ensayo, y convertirse en telas de seda como las llamadas sericeas, con un gasto mucho menor y un trabajo más fácil que el que suele emplearse para elaborar nuestra seda".[82]

Clavijero dice al respecto: "Y cargados de fruta dentro de la cual hay una especie de algodón blanco, sutil y delicadísimo; con esta hilaza podrían hacerse y se han hecho en efecto tejidos tan finos y suaves y aún quizá más que los de seda; pero no se hila con facilidad por ser muy cortos los filamentos; además que se sacaría poca ventaja de esta manufactura, siendo de poca duración el tejido."[83] Estos datos no sólo nos hacen pensar en el uso de la fibra del pochote que, aunque corta, no lo es menos que el pelo del conejo (que también se hilaba entretejiéndolo con otra fibra). Nos hacen fijarnos, de paso, en el *pochocuilin*, entendido como gusano algodonero, y por tanto productor de algodón. Todo lo cual resulta interesante si consideramos que la técnica que se emplea para procesar los capullos es la misma que se sigue con el algodón y la lana.

En Santa María Peñoles y San Pedro Cajonos, los capullos silvestres, aún tiernos, se limpian, esponjan e hilan con malacate. Igualmente, en San Mateo Peñasco, tal vez por tradición o por temor a quedarse sin huevecillos, nunca matan a las crisálidas del gusano extranjero, sino que dejan que todas las mariposas nazcan, de modo que los capullos rotos ya no pueden devanarse. En consecuencia, para procesarlos los abren con las yemas de los dedos, lo que finalmente coincide con una técnica prehispánica.

Cabe entonces preguntarse: ¿por qué algunos grupos indígenas continúan recolectando seda silvestre si es más fácil producirla? Según los datos históricos, nunca ha dejado de darse alguna ayuda, por mínima que sea, de parte del gobierno o bien de particulares para facilitar y fomentar la cría del gusano oriental. Entonces ¿por qué ha perdurado el uso de la seda silvestre entre grupos tan aislados y con economías tan rudimentarias? ¿Será precisamente por estas mismas condiciones?

Resulta en verdad difícil aceptar que los indígenas, tan sutiles observadores de la naturaleza, que aprovecharon y conocieron a profundidad un sinnúmero de plantas y animales, no utilizaran capullos tan llamativos como los del encino que, según las descripciones, llegan a medir casi un metro de largo y que, si bien ahora escasean debido a los cambios ecológicos y a la constante depredación de los bosques, en otros tiempos debieron de ser abundantes.

Es posible que los indígenas prehispánicos utilizaran los nidos para hacer telas semejantes a las de corteza de amate. Pudieron también usarlos para hacer tocados o prendas ceremoniales. Según los Cordry, su indumentaria básica se complementaba con joyas, madera, plumajes, fibras, cuero y papel de corteza.[84] En Michoacán, los capullos de las sanángatas son aún colocados en la cabeza de las criaturas para "calentarles la mollera" y aliviarles el constipado de nariz.

Seda silvestre hilada con pelo de conejo.

# Presente y futuro de la seda

*Inspiremos pues a este paisano el pensamiento de plantar moreras alrededor de su casa, en el corral, en el huertecillo y en los cercados de sus heredades y apliquémosle a criar gusanos y a sacar sus sedas.*

Miguel Jerónimo Suárez y Núñez

La importancia que tuvo la crianza del gusano de seda en ciertas zonas de México nos resulta ahora un tanto sorprendente. Sin embargo, la historia demuestra que, pocos años después de la Conquista, la sericicultura alcanzó un auge inesperado al contar en su favor con un clima adecuado, abundantes moreras silvestres y una extensa población indígena con una vieja tradición en el tejido e hilado del algodón.

Por desgracia, junto con la seda llegaron a América epidemias hasta entonces desconocidas y hombres codiciosos de riquezas y poder. Por su parte, la Corona de España, más que apreciar el éxito de la empresa de la seda y lo que representaba para su futura consolidación en ultramar, temió la competencia de esta industria y entorpeció de diversas maneras la continuidad de su desarrollo. Irónicamente, hacia fines del siglo XVIII, cuando los últimos virreyes se esforzaban por revivir la escasa industria y la Corona daba indicios de ceder, estalló la guerra de Independencia, desde América del Norte hasta la del Sur. Siguieron entonces años de continuas luchas que perpetuaron la desarticulación del comercio y el aislamiento regional, hasta tal punto que, para el siglo XIX, casi no se sabía que Nueva España había sido un productor importante de seda.

Los análisis económicos realizados con motivo de la reorganización de las nuevas naciones, en especial en el caso de México, sacaron a luz el cultivo de la seda. Como dijo García Icazbalceta, "tan patente era la importancia de este ramo de riqueza pública y privada, que la agitación continua de los tiempos no impidió que se hicieran esfuerzos".[85] Pero la inestabilidad política superó todo esfuerzo, y los subsecuentes planes de gobierno, llevados a cabo por la Secretaría de Fomento y el Banco de Avío, de breve e insegura existencia en la tercera década del siglo XIX, se vieron continuamente frustrados. Los pequeños talleres primero, y posteriormente las diversas fábricas e industrias en buena parte de inversión extranjera, nunca cuajaron del todo o bien sucumbieron irremediablemente.

Según Borah, en el siglo XVII la sericicultura dejó de ser una gran empresa y se transformó en una artesanía, hasta que definitivamente se desvaneció en alguna fase del agitado siglo XIX.[86] Sin embargo, atando cabos, hallamos que en México la producción de capullos se redujo considerablemente pero nunca desapareció. Contra todo tipo de adversidades, subsistieron suficientes moreras y gusanos y, más importante aún, se conservó el interés y la idónea habilidad como para que algunas poblaciones conservaran el arte de la seda, de tal manera que, por más de doscientos años, el trabajo continuó en zonas aisladas principalmente de Oaxaca y en la Sierra de la Mixteca, que fue el centro sericícola más importante de Nueva España, y casi el último reducto de la seda durante la etapa del México independiente.

Así, mientras en conventos y colegios citadinos las jóvenes y las mujeres bordaban y tejían con seda floja importada, vendida "en ramilletes de madejoncitos formados de veintidós colores"[87] y seguían llegando grandes cantidades de seda europea y oriental, satisfaciendo el lujo de las élites porfirianas, unos cuantos indígenas continuaban la crianza del gusano de seda para adornar sus fajas, faldas y huipiles.

Aislados en las serranías, los indígenas han logrado conservar hasta nuestros días buena parte de su cultura, si bien en muchos aspectos ya mestiza. En cuanto a la seda, la situación es muy semejante a lo que describió hace justamente un siglo don Camilo Tolis. Se sigue trabajando en desorden, y en tan deplorables condiciones que es difícil creerlo: "En algunos pueblos hay naturales que se dedican a la cría de gusanos de seda sino que por no tener recursos, localidad y por falta de experiencia y cuidado, sacan muy poca utilidad de su trabajo. He visitado y examinado algunas de estas crías, francamente me dio lástima de ver esos animalitos, amontonados uno sobre otro, revueltos grandes y chicos, sobre un estrecho petate colgado del techo, en lugares que son al mismo tiempo cocina, dormitorio, abrigo de pollos, cerdos y carneros y en los que se verifican repentinos cambios de temperatura."[88]

En el mundo indígena contemporáneo, la seda se produce y se transforma

Cubrelibro de seda, bordado por Teresa Yturbide Plancarte.

con implementos y técnicas tradicionales, a cuyo lado sobreviven muchas costumbres y creencias que llegaron de lejos, junto con las semillas del gusano, y que de diferentes maneras se integraron a la cultura autóctona. Gonzalo de Las Casas comenta en un pasaje de su manual que algunos naturales sahumaban gusanos con objeto de preservarlos libres de daños; y había incluso quienes metían los capullos al temazcal para así ahogar las crisálidas.[89]

Los indígenas de Oaxaca queman todavía copal cuando el tiempo está húmedo. Subsiste el temor al mal de ojo, a los truenos y a las mujeres que están en su periodo, pues creen que dañan a los animales que están en gestación. Motolinía afirmó con asombro: "En la Nueva España se cría el gusano tan recio que no se muere ni porque haga los mayores truenos del mundo, ningún perjuicio sienten como en otras partes que si truena al tiempo que el gusano hila, se queda muerto colgado del hilo."[90] A pesar de esto, es aún muy común la creencia de que los ruidos bruscos y las miradas y los olores penetrantes o desagradables son causa de irreparables daños.

Antiguamente, ante el estampido de truenos, los hombres corrían a las casas donde criaban sus gusanos y, al acorde de guitarras, castañuelas, tamborcillos y otros instrumentos, intentaban apaciguarlos sofocando así el ruido de la tormenta. Ahora colocan cerca de ellos una lima de hierro, que utilizan también bajo el nido de las gallinas y las patas cluecas, para que el golpe del trueno no les mate la crianza.

Según la creencia popular, los gusanos son tan delicados que la mujer que se encarga de ellos debe ser muy cuidadosa. Si se asolea demasiado corre el riesgo de sobrecalentarse, y cualquier extremo de temperatura es perjudicial. Si alguien la golpea, los gusanos se entristecen y dejan de comer. Durante la menstruación, la mujer despide un vapor mortal. Incluso se dice que el esposo no debe beber licor mientras dura la crianza.[91]

Los extraños son especialmente temidos, pues nunca se sabe cuáles son sus

*Es necesario libertarlos de todo olor fuerte y desagradable, de ruidos descompasados, del frío y de la humedad... y debe preservárseles aún con más esmero de los grandes calores.*

**Miguel Jerónimo Suárez y Núñez**

intenciones, y por tanto no se permite que se acerquen a los gusanos.

Supersticiones muy semejantes son comunes en otros pueblos. Ya Plinio recomendaba poner un clavo como símbolo protector de los polluelos durante las tormentas.[92] Según los chinos, el canto de un gallo, el ladrido de un perro y los olores fétidos resultan fatales. Por ello quien cuida de los recién nacidos, que es considerada la "madre de los gusanos", debe andar muy limpia y no tiene permitido usar afeites, ni fumar o comer ajo ni cebolla. En Mangalpur, India, los hombres de la tribu murda no se rasuran ni se cortan el cabello, guardan una dieta vegetariana y no cohabitan con sus mujeres durante la temporada de labores.[93]

Tal vez pueda concluirse que lo significativo no es el redescubrimiento de la seda, sino el tratar de revivir su cultivo. En México se sigue importando la maravillosa fibra, cuando bien podría producirse mediante técnicas modernas y semilla sana que remplace a la existente, que está muy degenerada. Los capullos podrían usarse no sólo para la artesanía sedera, sino también para la industria textil y farmacéutica. La falta de un mercado estable, así como de instrumentos adecuados para hilar la seda, afectaron en buena parte los proyectos surgidos a fines del siglo XIX.

Las actuales corrientes del movimiento ecologista deberían hacer esfuerzos conjuntos para fomentar el cultivo de las moreras, planta que encierra múltiples usos y beneficios. Las hojas sirven de alimento a los conejos, a los chivos y al ganado vacuno. Los frutos se comen frescos y pueden ser procesados como jarabe y jalea. De la raíz se obtiene un colorante amarillo y la madera, de muy alta resistencia, puede emplearse en el ramo de la construcción. En el distrito de Coixtlahuaca la mayor parte de los techos de los antiguos palacios municipales —que en los últimos años se han remplazado por edificios modernos— estaban sostenidos precisamente con vigas de morera, conservadas por mucho tiempo en perfectas condiciones. Actualmente, esta madera sólo se usa para construir yugos de arado.

Según estudios recientes, en la Sierra de Oaxaca la erosión que ha sufrido

el suelo dificulta el desarrollo agrícola. Una de las posibles soluciones para la sobrevivencia económica de los grupos campesinos es la artesanía con los cultivos básicos y, en este caso, como se sabe desde el siglo XVI, la crianza del gusano de seda se adapta perfectamente.

Si bien se ha dicho por muchos años que "aunque la mona se vista de seda, mona se queda", la seda suscitará siempre ilusiones y será símbolo de lujo y elegancia. Cuando Cristóbal Colón buscaba las Indias en su derrotero, prometió a su tripulación que "al que le dijese primero que veía tierra le daría luego un jubón de seda. Sin las otras mercedes que los reyes habían prometido, que eran diez mil maravedíes de juro".[94] No sólo habrá regalado un jubón a aquel afortunado viajero, sino que descubrió para sus soberanos todo un territorio donde la seda floreció mucho más de lo que cualquier soñador se hubiera imaginado.

Huipil juchiteco.

# Notas

[1] Leandro Pontier, *El gusano de seda en México y en América Central*, p. 7.

[2] *The Encyclopaedia Britannica*, 11ª ed., vol. XXV, p. 97.

[3] La llamada Puerta de Jade estaba situada al extremo noroeste de China, en territorios de la frontera con Sinkiang.

[4] Mariano Cuevas, *Cartas y otros documentos de Hernán Cortés*, p. 256.

[5] Antonio de Herrera y Tordesillas, *Historia general*, Década I, libro 5, cap. XXII.

[6] *Ibidem*, Déc. III, lib. 4, cap. VIII.

[7] Hernán Cortés, *Cartas de relación*, p. 222.

[8] Hernán Cortés, Memorial de 1542.

[9] Gonzalo de las Casas, *Arte nuevo de criar la seda*, p. 210.

[10] Mariano de Carcer y Disdier, *Apuntes para la historia de la transculturación indoespañola*, página 204.

[11] "¿El exvoto de don Hernando Cortés?", *Anales del Instituto de Investigaciones Estéticas*, núm. 8, p. 51.

[12] Joaquín García Icazbalceta, *Don Fray Juan de Zumárraga*, p. 133.

[13] *Ibidem*, p. 135.

[14] Gonzalo de Las Casas, *op. cit.*, p. 210.

[15] Woodrow Borah, *Silk Raising in Mexico*, página 16.

[16] Fray Toribio de Benavente [Motolinía], *Historia de los indios de la Nueva España*, p. 278.

[17] *Ibidem*, p. 277.

[18] *Códice de Yanhuitlán*, edición facsimilar, página 22.

[19] Nicolás León aclaró que el pueblo ya no existe en la actualidad. Se le identifica con unaranchería cercana a Santiago Tejupa, en el distrito de Tepozcolula.

[20] Gonzalo de Las Casas, *op. cit.*, p. 215.

[21] Ángel Núñez Ortega, *Apuntes históricos sobre el estudio de la seda en México*, p. 22.

[22] *Ibidem*, p. 20.

[23] Motolinía, *op. cit.*, p. 215.

[24] Abelardo Carrillo y Gariel, *El traje en la Nueva España*, p. 27.

[25] Manuel Romero de Terreros, *Las artes industriales en la Nueva España*, p. 207.

[26] Francisco Santiago Cruz, *Las artes y los gremios en la Nueva España*, p. 34.

[27] Francisco del Barrio Lorenzot, *Ordenanzas de gremios de la Nueva España*, pp. 48-49.

[28] "Cédula Real en favor de Luis Calbacho", *Boletín del Archivo General de la Nación*, vol. VI, México, 1935, p. 843.

[29] Francisco del Barrio Lorenzot, *op. cit.*, página 49.

[30] Joaquín García Icazbalceta, *op. cit.*, p. 38.

[31] Ángel Núñez Ortega, *op. cit.*, p. 18.

[32] Antonio de Ciudad Real, *Tratado curioso y docto de las grandezas de Nueva España*, t. I, página 67.

[33] Thomas Gage, *Los viajes de Thomas Gage*, p. 68.

[34] Bernal Díaz del Castillo, *Historia verdadera de la Conquista de la Nueva España*, t. III, p. 234.

[35] Motolinía, *op. cit.*, página 244.

[36] Ángel Núñez Ortega, *op. cit.*, página 18, nota 1.

[37] Joaquín García Icazbalceta, *op. cit.*, página 150.

[38] Ángel Núñez Ortega, *op. cit.*, p. 33.

[39] Abelardo Carrillo y Gariel, *op. cit.*, p. 29.
[40] Joaquín García Icazbalceta, *op. cit.*, página 152.
[41] Ángel Núñez Ortega, *op. cit.*, p. 30.
[42] Joaquín García Icazbalceta, *op. cit.*, página 151.
[43] Don Juan López Cancelada, *Ruina de la Nueva España si se declara el comercio libre con los extranjeros*, p. 28.
[44] Vicente Riva Palacio, *México a través de los siglos*, t. II, p. 494.
[45] José Antonio Villaseñor y Sánchez, *Theatro Americano*, t. I, p. 323.
[46] Manuel Romero de Terreros, *op. cit.*, página 120.
[47] *Instrucciones que los virreyes de la Nueva España dejaron a sus sucesores*, t. I, p. 104.
[48] Woodrow Borah, *op. cit.*, p. 99.
[49] Pilar Foz y Foz, *La revolución pedagógica en la Nueva España*, p. 188.
[50] Lucas Alamán, *Historia de México*, p. 352.
[51] *Ibidem*, p. 353.
[52] Simón Tadeo Ortiz de Ayala, *Resumen de la estadística del Imperio Mexicano, 1822*, Universidad Nacional Autónoma de México, México, 1968, p. 40.
[53] Francisco Santiago Cruz, *op. cit.*, p. 72.
[54] Josefina Zoraida Vázquez, *Historia general de México*, t. 2, pp. 803 *ss*.
[55] Ángel Núñez Ortega, *op. cit.*, p. 45.
[56] Véase en la Bibliografía general las obras mencionadas de Mariano Bárcena, Hipólito Chambon, José Tagliabue y Camilo Tolis.
[57] Camilo Tolis, *Cultivo del gusano de seda*, página 78.
[58] Mariano Bárcena, *La industria sericícola en el estado de Jalisco*, p. 29.
[59] Joaquín García Icazbalceta, *op. cit.*, página 128.
[60] Ángel Núñez Ortega, *op. cit.*, p. 53.
[61] *Ibidem*, pp. 50-51.
[62] Mariano Bárcena, *op. cit.*, p. 10.
[63] Comunicación personal de Teresa Castelló Yturbide.
[64] Puede hacerse la identidad zoológica de los distintos gusanos silvestres que hay en México consultando el apéndice sobre "Determinaciones taxonómicas", del biólogo Ignacio Piña Luján. Véase *infra*, p. X.
[65] *Cuauhtaseda*: palabra mestiza que proviene del náhuatl (*quahuitl*), árbol, y del castellano, seda. De acuerdo con diversos autores, es el nombre que se da a la seda silvestre en diversas regiones de Puebla.
[66] Motolinía, *op. cit.*, p. 278.
[67] Woodrow Borah, *op. cit.*, p. 111.
[68] Joaquín García Icazbalceta, *op. cit.*, página 136.
[69] Fray Juan de Torquemada, *Monarquía indiana*, t. IV, p. 347.
[70] Francisco Javier Clavijero, *Historia antigua de México*, t. I, p. 110.
[71] Fray Francisco de Ajofrín, *Diario del viaje que hizo a la América en el siglo XVIII*, vol. II, página 65.
[72] Woodrow Borah, *op. cit.*, p. 104.
[73] Carl Sartorius, "Gusanos de seda", *Boletín de la Sociedad Mexicana de Geografía y Estadística*, 1870, t. II, p. 184.
[74] Ángel Núñez Ortega, *op. cit.*, p. 8.
[75] *Ibidem*, p. 9.
[76] Cayetano Moro, *Reconocimiento del Istmo de Tehuantepec*, p. 31.
[77] Ángel Núñez Ortega, *op. cit.*, p. 10.
[78] Irmgard W. Johnson, Donald y Dorothy Cordry y Bodil Christensen.
[79] Fray Bernardino de Sahagún, *Historia general de las cosas de la Nueva España*, t, II, p. 294.
[80] Bodil Christensen, *Los otomíes del estado de Puebla*, p. 262.
[81] Comunicación personal de Teresa Castelló Yturbide.
[82] Francisco Hernández, *Historia de las plantas de la Nueva España*, t. III, p. 899.
[83] Francisco Javier Clavijero, *op. cit.*, vol. I, página 74.
[84] Donald y Dorothy Cordry, *Mexican Indian Costumes*, p. 8.
[85] Joaquín García Icazbalceta, *op. cit.*, página 161.
[86] Woodrow Borah, *op. cit.*, p. 126.
[87] Ángel Núñez Ortega, *op. cit.*, p. 68.
[88] Camilo Tolis, "Cultivo del gusano de seda en Oaxaca", *Boletín de la Sociedad Agrícola Mexicana*, t. I, p. 78.
[89] Gonzalo de Las Casas, *op. cit.*, páginas 223 y 226.
[90] Motolinía, *op. cit.*, p. 278.
[91] Comunicación personal de Víctor Manuel Aquino Gómez.
[92] Gonzalo de Las Casas, *op. cit.*, p. 214.
[93] Nina Hyde, "The Queen of the Textiles", *National Geographic Magazine*, pp. 15 y 18.
[94] Gastón García Cantú, *Textos de historia universal*, p. 67.

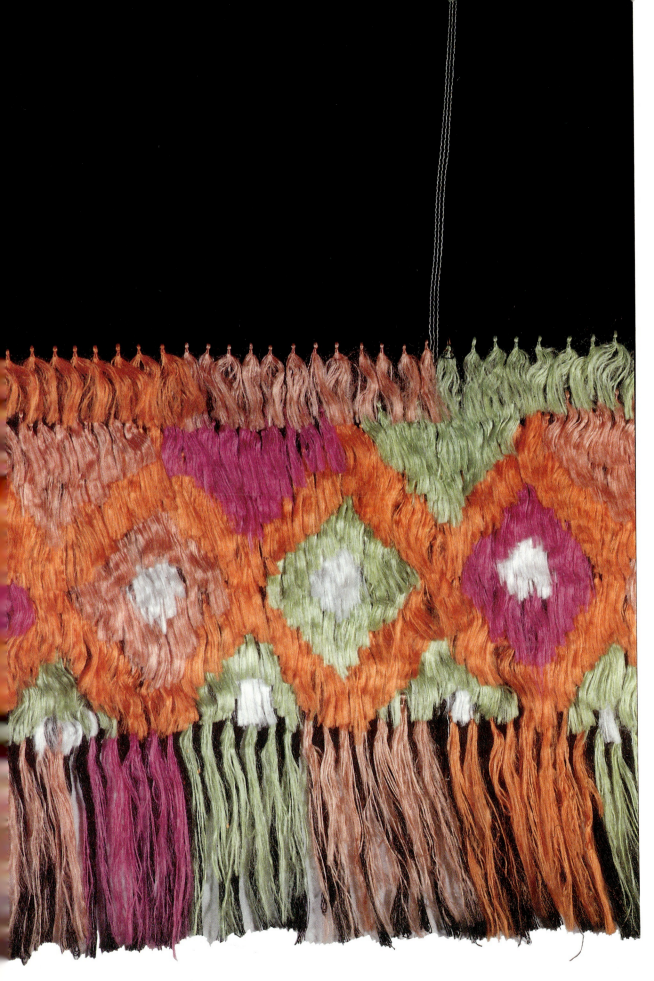

# LA SERICICULTURA
## Teresa Castelló Yturbide

Rebozo purépecha con empuntado de seda. Paracho, Michoacán, siglo XIX.

# Tejemos diariamente el capullo de nuestra vida

Santa Teresa de Jesús, en su obra *Las moradas del castillo interior*, nos habla del gusano de seda: "Ya habréis oído sus maravillas en cómo se cría la seda, que sólo Él pudo hacer semejante invención, y cómo de una simiente que es a manera de granos de pimienta pequeños (que yo nunca la he visto, sino oído, y ansí si algo fuere torcido no es mía la culpa), con el calor, en comenzando a haber hoja en los morales, comienza esta simiente a vivir; que hasta que hay este mantenimiento de que se sustentan se está muerta; y con hojas de moral se crían, hasta que después de grandes les ponen unas ramillas, y allí con las boquillas van de sí mismos hilando la seda y hacen unos capuchillos apretados, adonde se encierran; y acaba este gusano, que es grande y feo, y sale del mismo capucho una mariposica blanca muy graciosa". La santa hace una comparación entre el gusano de seda y el alma humana que puede entenderse así: el ser humano nace, se alimenta con la gracia y el estudio, y se transforma a través de los cambios y etapas de su vida, creciendo siempre espiritualmente al pasar por experiencias, algunas veces gozosas y otras dolorosas pero siempre enriquecedoras, que vienen a ser como hebras de seda con las que va labrando un capullo que será su legado a la posteridad. Por último, se queda dormido y al despertar del sueño de la vida se ve convertido en una blanca mariposa, satisfecho de haber cumplido con su destino de hombre verdadero, si es que tejió un capullo de buenas obras.

# La crianza del gusano de seda

*Con trabajo y paciencia la hoja de la morera se convierte en seda.*

**Adagio chino**

**El gusano de seda y la morera.** El gusano que produce la seda es un insecto holometábolo que nace de un huevo y pasa durante su desarrollo por los tres estados de larva, crisálida y mariposa. La larva, llamada gusano, se alimenta casi exclusivamente de hojas de morera y vive cinco etapas o edades, cada una de las cuales queda definida por un cambio de piel que tiene lugar cada cuatro o cinco días. Al ir creciendo, acumula en su cuerpo una sustancia con la que al llegar a la madurez forma su capullo. Para conseguirlo, arroja un hilillo por medio de una trompita que tiene bajo la mandíbula, girando con rapidez la cabeza en forma de número ocho. El líquido se endurece al contacto con el aire y forma un filamento que consta de dos líneas proteínicas: al centro se halla la fibroína y alrededor de ella, cubriéndola, la llamada sericina, que le sirve de protección. Para obtener la seda hay que eliminar la sericina, pues es una materia gomosa que mantiene los filamentos adheridos; al quitarla, surge suave y brillante la fibra.

El análisis químico de la seda es el siguiente: fribroína, 81%; sericina, 28%; grasa, 1%, y colorantes inorgánicos, 1.5 por ciento.[1]

Para la obtención de la seda son indispensables las moreras, ya que sus hojas constituyen el alimento básico de los gusanos. La familia de las moreras comprende muchas variedades. En México da buenos resultados la morera criolla, particularmente para la cría de los gusanos durante las primeras etapas de su desarrollo, debido a que las hojas son muy tiernas y brotan además muy temprano, avanzado el invierno. Estas moreras facilitaron la sericicultura colonial, pues los indígenas de Oaxaca las utilizaban desde tiempos prehispánicos para hacer papel.[2]

La más apreciada para la sericicultura es la morera blanca, de origen chino; sus hojas tienen la textura ideal para la crianza del gusano de seda.

La morera negra, llamada vulgarmente moral, es originaria de Persia; sus hojas son duras, por lo que los gusanos la rechazan, y su cultivo ha sido causa de fracaso para los sericicultores. Tanto es así, que en España hubo una competencia entre las moreras blancas y los morales negros a la que se llegó a llamar "la guerra de las moreras" y en la que desde luego ganaron las blancas al tratarse del alimento de los gusanos. El cultivo de los morales negros es más indicado para huertos, ya que su fruto es de mayor tamaño y más dulce.

Las moreras pueden propagarse por semilla, por estaca o por acodo. La siembra por estacas y acodos es menos recomendable, pues los árboles nunca quedan lo bastante firmes y no llegan a absorber suficiente agua del subsuelo. Lo mejor es sembrar las semillas; de esta manera los árboles producen raíces pivotantes que alcanzan a chupar la humedad aunque ésta se encuentre muy profunda. Las semillas se obtienen del fruto maduro, que es macerado en agua y frotado con los dedos para desprender la pulpa; las semillas se enjuagan después varias veces hasta que quedan bien limpias, son puestas a secar en la sombra y guardadas para la siguiente primavera.

Antes de sembrar es recomendable remojar las semillas en agua durante unas doce horas para facilitar su germinación; las semillas vanas flotan y las buenas se van al fondo. La siembra se hace en almácigos marcando las líneas a 30 centímetros de distancia y a una profundidad de 5 milímetros. Cuando los arbolitos tienen unos 30 centímetros de altura se embolsan y se pasan al vivero. Ya entonces se les podan las hojas para que el cogollo del centro cobre fuerza y se desarrolle. Uno o dos años después las moreras se plantan en un lugar definitivo, arando el terreno a una profundidad de 70 centímetros, poniendo en el fondo del hoyo una capa de piedras para establecer un drenaje y encima una palada de estiércol cubierto con tierra, dejando un espacio de seis metros entre cada árbol; lo más conveniente es plantarlos alrededor de los campos de cultivo, ya que las moreras sirven de cortina rompeviento, y cercar los plantíos con nopales, magueyes u otros arbustos espinosos que sean su defensa ante el "diente del ganado", según se expresara el virrey Revillagigedo.

La poda de las moreras debe hacerse cada dos años durante el invierno, cuando no tengan hojas, y abonarse un año con estiércol y al siguiente con abono

Hojas del morera: blanca, negra y criolla.

Sale de un huevo este precioso insecto y entonces no es más que un gusanillo de una pequeñez casi imperceptible.

mineral para lograr árboles que alcancen una altura que facilite la recolección de las hojas. También hay que fumigarlos para librarlos de parásitos, tanto vegetales como animales. El desinfectante debe aplicarse antes de que el árbol retoñe, de otra manera los gusanos corren riesgo de envenenarse. Lo mismo sucede con ciertos abonos químicos que intervienen en la formación de la hoja y la hacen nociva para la cría. Las moreras pueden ser afectadas por tres tipos de parásitos: el hongo *Mycosphaerella mori*, que produce el llamado moho y que ataca a las hojas; el hongo *Rosellina byssiseda*, que pudre las raíces asociado a la humedad excesiva o a la falta de drenaje del subsuelo, y el *Capnodium mori*, que causa la fumagina, un polvo negruzco que se adhiere a las hojas. Otros parásitos dañinos son las cochinillas, que atacan a las ramas jóvenes.[3]

Las moreras se pueden aprovechar al máximo y no únicamente para la cría del gusano de seda. Sus hojas sirven también como forraje para alimentar conejos, vacas, cabras y ovejas, pues es comparable a la alfalfa. En los países orientales se utilizan las hojas como envolturas comestibles; se preparan rellenas de picadillo o de pescaditos y se guisan en salsa. El fruto, que es la mora, se come crudo o en conserva. Los chinos aprovechan las raíces de las moreras de más de diez años, así como las hojas, para obtener un teñido de color amarillo y con el fruto del moral negro otro de color gris. Los chinos son tan refinados que hacen un papel de morera mezclado con seda, donde ponen a las mariposas a que pongan sus huevecillos; en el otoño, antes de que amarilleen las hojas de la morera, secan éstas al sol, las machacan y las guardan en ollas de barro tapadas para utilizarlas en la primavera en caso de que los gusanos nazcan antes de que broten las hojas.[4] En algunas ciudades, siembran moreras para adornar calles y jardines. Así, esta planta es llamada Árbol de Oro debido a sus múltiples utilidades.

Para alimentar a los gusanos, las hojas de morera deben cortarse de preferencia diariamente. Lo mejor es desprenderlas del tallo hacia la punta, deslizando la mano por cada rama con delicadeza, evitando maltratar los cogollos. En algunos países la recolección se hace mecánicamente y las hojas se guardan en frigoríficos especiales. Los chinos las mantienen frescas metiéndolas en ollas de barro que colocan junto a otras llenas de agua. Las hojas deben administrarse frescas pero no mojadas, pues con la humedad se fermentan y esto hace que los gusanos que las comen se enfermen. Cuando llueve hay que secarlas antes de dárselas a los gusanos, y hay que sacudirles también el polvo y evitar que las personas que las cortan tengan las manos grasientas, pues el polvo y la grasa son enemigos mortales de los gusanos.

La calidad de la hoja es otra cosa a considerar. A los gusanos pequeños hay que darles hojas tiernas para que puedan morderlas. Conforme van creciendo se les va dando hojas más sazonas, teniendo cuidado de no volver a darles hojas tiernas porque se empachan. A partir de la quinta edad necesitan comer hojas fuertes, sanas y maduras; las marchitas definitivamente no sirven.

Para que los gusanos de seda produzcan es indispensable alimentarlos con hojas de morera; sin embargo, si éstas llegan a escasear, pueden sustituirse por un lapso de varios días. En Michoacán se usaba antiguamente la hoja tierna del madroño y, en España, cuando los gusanos nacen antes de que retoñen las moreras, se les da hojas tiernas de lechuga. Actualmente, los japoneses han logrado preparar un alimento especial para los gusanos jóvenes a partir de hojas de morera, frijol de soya y maicena.

## Locales y utensilios

Para las fotografías de este libro tuve que dedicarme personalmente a la crianza de los gusanos. Logré criar cien de ellos, los mantuve en un canasto de panadero sobre una mesa, tapados con una manta de cielo para protegerlos de las moscas y otros insectos.

Cuando se intenta criar unos cuantos gusanos en forma artesanal, lo mejor

Crece poco a poco y, en cada dormida, cambia de piel.

*Página siguiente*
Yendo de un lado a otro con inquietud, no halla descanso hasta que encuentra un lugar donde tejer su capullo.

es fabricar un armazón de carrizo con tres patas y cinco niveles, el cual debe fijarse al piso de una habitación. En ese armazón, cuyo nivel más bajo debe estar a una altura de aproximadamente 50 centímetros del suelo, se instalan los canastos que han de poderse subir y bajar sin dificultad, de modo que resulte fácil limpiarlos y poner en ellos el alimento. Presenta la ventaja de que, pasado el tiempo de cultivo, puede quitarse dejando de nuevo libre la habitación.

Para lograr una cosecha a gran escala es indispensable una habitación de 6 por 5 metros, que pueda hospedar cuatro estructuras en castillo. El piso debe estar enlosado de modo que pueda lavarse fácilmente; los pisos de tierra no convienen pues propician la entrada de ratones. La habitación debe quedar cerrada al norte y las ventanas permitir una buena ventilación, evitando las corrientes de aire y la luz directa. Por esta razón son necesarias también unas cortinas ligeras que puedan lavarse a menudo. La puerta debe abrirse de preferencia hacia el oeste, por donde se pone el sol.

Los castillos se construyen de tres o cuatro pisos con anaqueles huecos formados con otates o carrizos, que se colocan junto a las paredes o al centro de la habitación en hileras, dejando pasillos entre unos y otros. En algunos lugares acostumbran rodear de agua o aceite las patas de los anaqueles para evitar que se suban las hormigas, las cucarachas y los ratones.

Hay que controlar también la temperatura, la cual no debe bajar de los 18° centígrados ni subir más de 23°. El exceso de frío o de calor es causa de muerte para los gusanos; la temperatura ideal es de 21°. Además de un termómetro, hay que tener a mano un higrómetro, con el fin de medir la humedad; ésta se controla al colocar recipientes con agua fresca.

Es necesario asimismo desinfectar la habitación y los utensilios antes de iniciar y al terminar la crianza, ya que la base para una buena cosecha es una limpieza detallada. Debe tenerse cuidado con el desinfectante que se utiliza pues muchos de ellos dañan a los gusanos.

*Páginas anteriores*
Toma él sus medidas con tanto acierto, esparciendo a su derredor hebras de seda como tela de araña...

*Pobres gusanitos, ellos que dan un trabajo tan fino y que tanto se esfuerzan.*

**Bartila Pérez González**

Para criar gusanos de seda se necesita, además de los estantes, unas canastas o paneras redondas o rectangulares, bajas y sin asas, que puedan apoyarse en los carrizos de los estantes y ventilarse. Este sistema, que puede parecer anticuado, sigue utilizándose en muchos lugares ya que facilita el manejo de los gusanos y su limpieza. Las canastas deben etiquetarse para ir marcando las diferentes edades de las larvas. El número de canastas depende del número de gusanos que se intente criar, pues al ir creciendo necesitan más espacio para su desarrollo. En el fondo de las paneras se debe de poner un papel blanco que sea absorbente y chupe la humedad, tan nociva para los gusanos, y facilite la limpieza. También es necesario contar con papeles perforados, telas o redes con diferentes tamaños de malla apropiados para el cambio de canastas, plumas de aves para mover los gusanos cuando están pequeños, una mesa de trabajo, cuchillos, una tablita para picar las hojas, canastos para transportarlas, basureros, escobas, una libreta para anotaciones y etiquetas. Además, hay que pensar en otros implementos como las varas con que se hace la enramada; éstas se cortan un mes antes, se lavan y se ponen a secar. Para extraer la seda hay que construir, al exterior, una hornilla con todo su equipo.

### Nacimiento y alimentación

Cuando ya han empezado a brotar las hojas de las moreras —generalmente a fines de febrero o principios de marzo, según el clima de los distintos estados de la República—, los huevecillos de los gusanos que han invernado desde el año anterior son separados y puestos en una canasta, sobre un papel blanco de preferencia absorbente. La canasta se coloca lejos del sol y, si se puede, se procurará aumentar poco a poco la temperatura para en lo posible lograr que todos los gusanos nazcan al mismo tiempo y sea más fácil su crianza. De otra manera, nacen espontáneamente a lo largo de varios días haciendo más difícil todas las tareas durante su crecimiento. Un indicio de que están a punto de nacer es que los huevecillos grises se van poniendo blancos. En el momento en que los gusanitos nacen, deben ser puestos en otro canasto, con una etiqueta que indique la fecha de su nacimiento, pues sólo así se pueden controlar las edades. Los gusanitos, negros y peludos, abandonan apresuradamente sus cascarones en busca de alimento.

Durante la primera edad, los gusanitos comen hojas tiernas de morera que se pican muy finamente y que se les distribuye cada tres o cuatro horas. Si las moreras todavía no tienen hojas, se les puede dar hojas picadas de lechuga. En la segunda edad se les da aún hojas picadas, aunque ya no tan finamente. Al entrar a la tercera edad, empiezan a comer hojas enteras, que se les da cada cuatro o cinco horas; y al alcanzar la quinta y última edad, se les da las hojas en rama, con la ventaja de que conservan mejor su frescura. La distribución de alimentos debe hacerse con regularidad; la comida de la medianoche o de la madrugada representa un sacrificio pero vale la pena pues se obtienen mejores capullos. Los gusanos de seda son unos animalitos tan dóciles que, mientras se les mantiene bien alimentados, nunca tratan de salirse de su canasto. Cuando son mayores da gusto oírlos comer pues hacen tanto ruido que parece que lloviera.

## Cambio de piel y de cama

Durante la primera edad los gusanitos son tan delicados que, para moverlos sin que se lastimen, es necesario utilizar una pluma de ave. El papel blanco colocado en el fondo de la canasta resulta entonces muy útil, pues por su color negro los gusanitos pueden distinguirse fácilmente; además, cuando hacen la primera muda de piel, al cuarto día de nacidos, pueden sujetarse al papel con sus filamentos, de modo que la piel vieja queda allí adherida, facilitándoles el desprendimiento, que empieza por la cabeza. La muda o "dormida" les causa sufrimiento, y en ocasiones incluso la muerte, por lo que no hay que moverlos ni molestarlos, sino dejar-

*Cada vez que cambia de piel deja un zurroncito y le crece la boca.*

**Rosa Mederos Perera**

los tranquilos y aislados del ruido. Cada vez que los gusanos se duermen y cambian de piel, la alimentación se les suspende por veinticuatro horas, y no se reanuda hasta que todos se han despertado, para que su desarrollo sea similar. Las mudas de piel son indispensables para su crecimiento y, durante su corta vida, tienen lugar cinco veces con un intervalo en un principio de cuatro o cinco días y de seis al final. Tal parece que la envoltura les empezara a quedar chica: con habilidad, el gusano se desnuda y la piel queda allí "como un trajecito viejo".

El cambio de cama y la limpieza son indispensables para mantener saludable al gusano. Las hojas o cama sobre la que descansan debe cambiarse antes y después de cada dormida, y más a menudo al final de la crianza. Para hacerlo lo más sencillo posible, hay que ponerles hojas frescas sin cortarles el rabo, y ya que los gusanos se trepan a ellas se les pasa a otra canasta. Esto puede hacerse cuando son pocos los gusanos. De otra manera, hay que utilizar papeles perforados o redes. También es posible utilizar telas diversas.

Los papeles perforados deben tener agujeros de diferentes tamaños que correspondan al grueso de los gusanos en sus diversas edades. El papel debe ser cubierto con hojas de morera finamente picadas y colocado sobre la cama donde están los gusanos que, atraídos por el olor de la hoja fresca, se pasan a la nueva superficie. Una vez que todos se han subido, son retirados desperdicios, excrementos y gusanitos muertos de la canasta. El cambio de canasta o cama puede también hacerse mediante redes de algodón, tejidas con mallas de diferentes tamaños según el grueso de los gusanos. Se tejen redes rectangulares a las que se les sujeta un bastón en cada extremo para facilitar el traslado; se utilizan del mismo modo que los papeles perforados. Este sistema de redes es común en China y resulta muy económico y práctico pues las redes pueden volverse a usar. Sería fácil introducir este sistema en Oaxaca, pues allí existe la costumbre, como en las regiones del Sureste, de tejer hamacas y redes de pesca.

Es importante no criar demasiados gusanos en una misma canasta, pues nece-

*Página siguiente*
...Y en el centro teje su capullo, viéndose el gusano todo envuelto como en una nube y en un día desaparece, pero él sigue trabajando.

Se mantiene en su encierro transformándose en crisálida y, ya mariposa, humedece la parte más endeble del capullo, ensancha la abertura, saca la cabeza y, con trabajos, el resto de su cuerpecito.

sitan oxigenarse y no pueden hacerlo si cuentan con poco espacio, mucho menos si están amontonados; respiran por unos orificios negros llamados estigmas que tienen a lo largo del cuerpo. También debe cambiarse el aire viciado de la habitación abriendo diariamente las ventanas, pero sin provocar corrientes que los perjudiquen. Han de crecer a la sombra, lejos del sol directo, libres del ruido y del humo de los cigarros. Al mes de haber nacido, los gusanos dejan de comer y arrojan un último excremento en una gota de líquido verdoso llamado purga. Quedan casi transparentes y empiezan a vagar encima de la cama, levantando inquietos la cabeza en busca de un sitio donde hilar su capullo.

**Enramada.** Para que los gusanos puedan tejer su capullo, hay que prepararles un bosquecillo que debe instalarse en la oscuridad, pues si hay luz el gusano sigue vagando y no se recoge. El bosque se forma con ramas secas o escobas de vara para que les permitan ascender sin lastimarse. Hay que tomar en cuenta el olor que despiden las ramas, pues los gusanos son muy sensibles a los aromas, y si no les agradan, los rechazan. También hay que considerar que los gusanos son flojos para subir, así que en ocasiones tiene uno mismo que colocarlos en su lugar, evitando que aniden juntos ya que así el capullo pierde su valor. Hay que eliminar a los gusanos que no forman capullos, por defectuosos.

Los nidos pueden también prepararse con hojas secas de maíz; como son rugosas, los gusanos se adhieren a ellas con facilidad, lo mismo que a las agujas del pino. En un principio, el gusano teje una especie de telaraña llamada tanquia o borra, que el animal fija a las ramas disponibles; después se coloca al centro y comienza a hilar su capullo dando fin a su tarea en cosa de día y medio. Al terminar su capullo, todos deben ser cubiertos con una manta de algodón muy ligera que les sirva de mosquitero, y han de mantenerse a media luz para que permanezcan tranquilos y sin ruido mientras realizan su metamorfosis mediante la cual se transforman en crisálidas.

Al cabo de diez días se recogen los capullos de los que se va a obtener la seda.

Los capullos deben estar duros y las crisálidas sueltas. Esto se comprueba agitándolos con la mano, para que, con el movimiento, la crisálida suene como si fuera un cascabel. En ese momento deben ahogarse para impedir que se conviertan en mariposas y, al nacer, rompan el capullo.

## Muerte de las crisálidas y nacimiento de las mariposas

Una vez que se recogen los capullos, se les quita la borra y son tendidos al sol sobre una sábana; el horario puede ser desde las nueve de la mañana hasta las tres de la tarde. Hay que moverlos constantemente para que reciban el sol en todos lados y así se vayan ahogando las crisálidas, que se mueven dentro del capullo produciendo un ruido característico mientras brincan. Después de la puesta del sol, los capullos son envueltos en la sábana para que conserven su calor hasta el día siguiente, en que se sigue el mismo proceso, que debe durar tres días.

Una vez secos y limpios, los capullos son guardados para luego devanarlos. Hay quienes lo hacen en seguida; otros piensan que es mejor dejar pasar un mes antes de hacerlo. Lo importante es guardar los capullos en un lugar ventilado pero protegidos de los animales que gustan de alimentarse con crisálidas y que, por comérselas, destrozan el capullo.

Otra manera de ahogar a las crisálidas consiste en poner los capullos en una coladera o cedazo, sobre una olla con agua hirviendo para que reciban el vapor. Es un sistema arriesgado pues, si los capullos llegan a mojarse, se manchan; al secarse se acartonan y ya no es posible devanarlos. Algunos sericicultores acostumbran meter los capullos al horno, pero tampoco es conveniente, pues por más que uno mueva los capullos, muchos se queman al solo contacto con el fondo de la charola. Este sistema es eficaz solamente en los grandes criaderos, donde se utilizan hornos especiales para una gran cantidad de capullos.

Quince días después de que el gusano empezó a hilar su capullo, se recogen

*Hay que mover los capullos con frecuencia cuando se están ahogando, porque si no reciben el sol parejo revientan las crisálidas y manchan el capullo.*

**Rosa Mederos Perera**

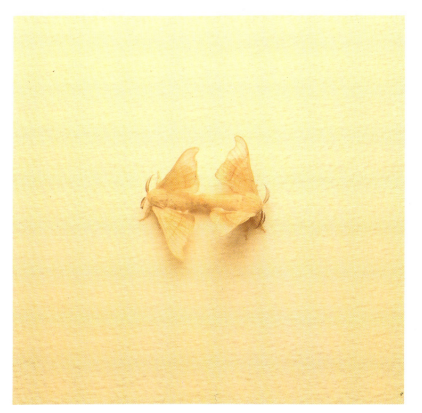

aquellos que han sido destinados para la cría. La selección ha de hacerse con cuidado y pensando en formar parejas con ellos: los capullos que producen hembras son mayores y más gruesos que los de los machos, algo más puntiagudos y pequeños. También hay que separar los capullos según su color, pues aunque después de descrudada toda la seda es blanca, proviene de dos razas diferentes y la blanca es la más apreciada.

Una vez recogidos los capullos, se les quita la borra y, ya limpios, se extienden en canastas provistas de papel. Las mariposas empiezan a nacer en el término de dieciocho días después de haber empezado el gusano a hilar su capullo; esto tiene lugar durante las primeras horas de la mañana. Se nota que están próximas a salir porque humedecen una de las puntas del capullo, y pronto asoman la cabeza con ojitos negros y luminosos y unos cuernecitos como de pluma; después sacan las patitas y el resto del cuerpo con las alas todavía húmedas. Es un encanto verlas nacer. Por lo general nacen ellas solas, pero en ocasiones se atoran y hay que ayudarlas.

Las hembras son grandes, tranquilas y gordas debido a su carga de huevos; los machos, más finos, se mueven inquietos agitando las alas en busca de compañera. Hay que estar muy atentos para ir separando a las hembras de los machos y luego acomodarlos por parejas para que copulen, cosa que hacen con extraordinaria rapidez. Permanecen unidos durante varias horas. Hay que dejarlos tranquilos hasta que se aparten ellos solos. Únicamente cuando la unión se prolonga demasiado, el criador debe separarlos con suavidad evitando sobre todo lastimar a la hembra.

Un macho puede fecundar a varias hembras, siempre y cuando se le permita descansar veinticuatro horas antes de volver a copular; de lo contrario, los huevecillos no son fértiles. Una vez fertilizada la hembra, ésta es colocada sobre un pedazo de papel o de tela. Pronto arroja un líquido rojizo y en seguida va poniendo sus huevos con mucho orden, sin encimar ni uno. Al principio, los hueveci-

*Páginas anteriores*
Al salir, no le importa el alimento ni el regalo; en nada se ocupa más que en sus amores. Poco después pone la hembra sus huevecillos cumpliendo así con su destino.

llos son de color amarillo, pero después cambian a naranja y finalmente a gris. Se dice que los más oscuros son los mejores. Están cubiertos por una especie de goma que los protege y con la que quedan adheridos a la tela o papel. Antes de guardarlos hay que dejarlos orear, por lo menos quince días, en un sitio ventilado que les permita secarse bien. Hay que cuidarlos del sol, las moscas, las cucarachas y las hormigas, que son sus principales enemigos. Además, es conveniente guardarlos en un lugar fresco y seguro, atados en telas para que se conserven hasta el año siguiente. Las mariposas de la seda no comen, ni beben, ni vuelan. Nacen únicamente para copular y procrear. Poco después mueren y sus restos sirven de abono.

*Lluvias de mayo en los morales, gusanos de seda enfermos.*

Matsuo Basho

## Las enfermedades del gusano

El gusano de seda debe en cada fase de su metamorfosis ser protegido. No sólo lo dañan los cambios de temperatura y los otros animales, sino que también sufre enfermedades provocadas por hongos y bacterias. Las principales enfermedades que los afectan son cinco: la *muscardina*, la *pebrina*, la *flaccidez*, la *flaqueza* y la *amarilla*.[5]

La pebrina, causada por el protozoario *Nosema bombycis*, es la más peligrosa pues es hereditaria e incurable. Se reconoce porque los gusanos se cubren de manchas negruzcas. Es importante que cada mariposa deposite sus huevecillos por separado, para poder analizarlos y distinguirlos en caso de que se presente la enfermedad en un criadero. El microbio se introduce por el canal alimenticio del gusano, de modo que cuando el excremento cae en las hojas de morera otras larvas se contagian; por esa razón los gusanos afectados deben ser quemados junto con sus excrementos.

La muscardina es provocada por un parásito, el *Beauveria (Botrytis) bassiana*, que produce en el gusano manchas rojizas. Este mal se desarrolla cuando los gusa-

nos se alimentan con hojas húmedas y la temperatura ambiente sobrepasa los 25° centígrados.

La flaccidez es una enfermedad bacteriana debida al *Bacillus bombycis* y al *Bacterium coli*, que viven en la hoja de morera y penetran al sistema digestivo de los gusanos, atacándolos a partir del cuarto cambio de piel; y esto se debe en gran parte a la humedad de las hojas sobre las que descansan los gusanos. La enfermedad aparece en forma de manchas negruzcas; el excremento se vuelve líquido y, si el gusano llega a tejer su capullo, lo mancha de negro pues la crisálida se pudre. Esta enfermedad puede ser esporádica o epizoótica, en cuyo caso puede afectar a todo el criadero. Para evitarla, hay que darles alimento fresco a los gusanos, nunca húmedo, y cuidar de la higiene de las camas.

La enfermedad de la flaqueza o diarrea es producida, según Pasteur, por el *Micrococcus bombycis*, que penetra a través de la hoja de morera al aparato digestivo. No es hereditaria, se debe a una mala alimentación. El gusano se enjuta a causa de la diarrea y de un vómito amarillento y acaba por momificarse. Cuando se encuentran en ese estado, las larvas son llamadas "gatitas".

La amarilla o poliedria, causada por un virus no identificado, es una enfermedad esporádica que se desarrolla entre la tercera y quinta edades. Los gusanos se ponen amarillos y pierden movilidad al no poder mudar de piel. Acaban por reventar, brotándoles un líquido amarillo a los que producen capullos amarillos, y lechoso a los que producen capullos blancos. No existe tratamiento contra este virus, así que hay que eliminar a los enfermos en cuanto se detecta el mal.

Con la borra de los capullos que no es posible devanar, se tejen rebozos en la Sierra Zapoteca.

# Beneficio de la seda

**O**btención de la seda. La forma más primitiva de obtener seda consiste en poner al fuego una cazuela baja y ancha, con asas en las que se inserta un palo delgado y liso que sirve de apoyo a las hebras de seda. La cazuela se llena de agua y se calienta hasta el punto de preebullición, pero sin que llegue a hervir. Para lograrlo, se tiene junto una jarra con agua tibia con la que el agua de la olla se va templando; también hay que controlar el fuego, pues con el hervor la seda pierde su brillo y se enreda, por lo que se recomienda el bañomaría.

Los capullos se echan al agua caliente de doce en doce o más, según vaya a ser el grueso de la hebra. Una vez remojados los capullos, se tallan uno por uno con la escobetilla, hasta encontrar cada una de las puntas para unirlas, con los dedos mojados, y torcerlas hasta formar una sola hebra. Esta hebra se enreda en un palo de malacate y se van jalando los hilos, que descansan sobre el palo insertado en la cazuela, cuidando que no se enmarañen. Así se procede hasta terminar el devanado de los capullos, a los que se van añadiendo otros hasta reunir la seda necesaria y formar una madeja de más o menos 100 gramos.

Mientras se realiza el trabajo, hay que cambiar el agua que va cargándose de goma. El agua gomosa se guarda, pues sirve para trabajar el maque. Las crisálidas muertas se sacan de cuando en cuando con una coladera. Los chinos acostumbran comérselas tostadas, así como nosotros los mexicanos nos comemos los gusanos del maguey. En Japón, se aprovecha la grasa de las crisálidas para hacer cosméticos, y en Murcia, España, la procesan para preparar unas ampolletas de uso externo que recomiendan contra afecciones cutáneas, como herpes y cáncer de la piel.

Otro método artesanal de extraer la seda es el que se practica en El Paso, municipio de La Palma, Islas Canarias, donde la artesanía empezó, como en México, en la primera mitad del siglo XVI.[6] Los capullos se remojan en agua caliente y, una vez obtenidas las hebras, se pasan a través de un ojillo de metal a un torno movido con una manivela. Este procedimiento propicia un compañerismo que hace que el trabajo transmita alegría, pues participan en él tres personas: la

---

*Por la mañana, hilos de seda; por la noche, nieve; quien conoce el sentido de la vida humana, alcanza el fondo de la alegría.*

**Las trescientas poesías de T'ang**

sedera, que se ocupa de los capullos y coloca la seda en el ojillo; la hebrera, que, de pie al lado del torno, lleva la seda a los carretes, y el tornero, que solía ser varón, quien, sentado, mueve las aspas con la manivela para formar las madejas. Bien dicen los árabes que, como en este caso, el trabajo que se hace silbando se hace bien.

Hay una seda que resulta de menor calidad debido a que no se puede devanar. Ésta, que se obtiene de los capullos que rompen las mariposas a las que se les permite nacer, se carda junto con la borra y se hila a mano. A esta seda se le llama hiladillo.

### Descrudado o blanqueado de la seda

Una vez que se extrae la seda, se hacen madejas de 100 gramos que se sujetan en los extremos con hilaza de algodón o con ixtle. Las hebras se anudan en forma de número ocho, cuidando de no apretarlas para que los líquidos puedan penetrar en la fibra; además, así se evita que se enreden las madejas. El paso siguiente consiste en descrudar o purgar la seda para eliminar por completo la sericina, blanquear la seda y poder teñirla. Esto se logra poniéndola durante una hora en una lejía de ceniza; este proceso es indispensable para que la seda no se haga quebradiza ni atraiga a la polilla. La lejía se prepara con la ceniza de una madera suave. Los japoneses usan, por lo general, ceniza de paja y evitan la de encino, que resulta demasiado fuerte y maltrata la seda, lo mismo que el jabón de sebo.

La ceniza se echa en una tinaja de madera con bastante agua, se revuelve con un palo y se deja reposar una noche para que asiente. Al siguiente día el agua de la superficie, que es la lejía, se cuela y se echa en una olla con asas a razón de un litro de agua por cada 25 gramos de seda. Luego, se pone a calentar a punto de preebullición. Las madejas se remojan previamente en agua tibia y en seguida se meten al agua con lejía, colgadas de las asas de la olla para evitar que toquen

Sierra Zapoteca, Oaxaca

Crisálidas y cordón para sujetar las trenzas, hilado por Otilia Jiménez Pascual. San Pedro Cajonos.

el fondo y se quemen. Así se dejan durante una hora, en el mismo calor pero sin dejar que hiervan, añadiendo, de ser necesario, una porción de lejía tibia. Pasado ese tiempo, se dejan enfriar las madejas en la lejía hasta el día siguiente.

Una vez purgada la seda, se enjuaga y se lava con un jabón neutro que no contenga sosa cáustica, o con jabón vegetal, como el xixi, raíz de amole o semillas de pipe. La jabonadura se prepara echando en una cubeta con agua caliente el jabón rallado o el jabón vegetal, que se agita bien para sacar mucha espuma. Se agrega agua fría para que entibie, se meten las madejas de seda y se dejan reposar media hora. No es necesario tallar, basta con agitar las madejas dentro del agua. Luego se enjuagan con agua corriente dos y tres veces hasta que quedan limpias y se ponen a secar a la sombra. Entonces quedan listas para teñirse, o bien se dejan de color natural.

### Colorantes y teñido de la seda

Los colorantes para el teñido de la seda son en su mayor parte de origen vegetal y, algunos, de origen animal. Unos tiñen directo, como el caracol púrpura; otros tiñen por infusión al hervirlos en agua. Las maderas, por ejemplo, tienen que ser maceradas en agua hasta por dos semanas y el añil requiere incluso de un proceso de fermentación.[7]

Otros elementos utilizados son los entonadores y mordentes. Los primeros son útiles para obtener una gama de tonalidades a partir de un mismo colorante y, en ocasiones, se utilizan también como mordentes. Hay entonadores vegetales y otros elaborados químicamente, como el cloruro de estaño. Los mordentes tienen por función preparar la fibra o tela para que en éstas se fije el color que quiere ser aplicado; actualmente hay una gran variedad de ellos hechos a partir de anilinas y fenoles, aunque los hay también naturales. No cabe duda de la calidad del arte tintóreo mexicano, pues no sólo los colorantes naturales de nuestro país,

Jabones naturales: xixi, órgano y raíz de amole.

como la cochinilla o el palo de Campeche, alcanzaron celebridad mundial, sino asimismo el arte consumado de su aplicación en el tejido, la plumaria y el laqueado.

En el arte de la seda, el teñido se ha realizado fundamentalmente con colorantes vegetales: dalia, girasol, acahual, chicalote, azafrancillo, zacapalli, cabellos de elote, añil, achiote. De los colorantes de origen animal destaca la cochinilla o grana, debido sobre todo a su teñido y a la amplia gama de tonalidades que con ella puede obtenerse.

La calidad del agua es muy importante para el teñido. La mejor es la de manantial, la de lluvia y la de granizo; por eso el momento ideal para teñir es el tiempo de aguas. El agua de la llave contiene generalmente sustancias químicas, como el cloro, que alteran los colores. En caso de tener que usarla hay que hervirla con un trozo de carbón vegetal, posteriormente decantarla y después colarla. La mejor proporción para el teñido es un litro de agua por cada 25 gramos de seda arreglada en madejas de 100 gramos a lo más, pues sólo así pueden dejarse flotar. El pesaje es indispensable cuando se requieren cantidades exactas. También se pueden usar tazas y cucharas de medición. Los mejores recipientes son los de barro o peltre; los de metal llegan a manchar la fibra; para mover ésta se usan varillas de cristal o palitos de madera.

Según Ana Roquero, experta tintorera española, la regla fundamental para el teñido de seda es que, en ningún momento del proceso, el baño alcance el punto de ebullición. Para estar seguros de esto sin necesidad de una vigilancia constante, el método más práctico es realizar todas las operaciones en un doble recipiente a bañomaría. Por el contrario, si se utiliza un sólo recipiente, hay que estar añadiendo en todo momento agua fría para mantener la misma temperatura y evitar que hierva.

Las madejas previamente descrudadas se atan en tres puntos, mediante lazadas, en forma de ocho, holgadas para que fácilmente las penetre el tinte. Además, se les pone una lazada más larga que abarque toda la madeja a modo de pulsera,

Chapolas o agallas de encino.

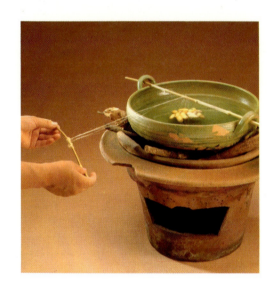

Devanado de seda en forma artesanal.

todo ello con hilo de algodón y, por último, estas lazadas adicionales se ensartan en un cordel que se sujeta a las orejas del traste para que las madejas queden suspendidas y floten en el líquido. Este sistema se utiliza tanto para mordentar como para teñir la seda.

Para que la seda acepte el color de manera permanente, hay que mordentarla, pero antes hay que humedecer la fibra para abrir sus poros introduciendo las madejas durante media hora en agua tibia antes de meterlas al mordente.

**Mordente con alumbre y cremor tártaro.** Para medio kilo de seda, 150 gramos de alumbre y 40 gramos de cremor tártaro. Ponerlos en un recipiente y añadirles agua hirviendo en cantidad suficiente para disolverlos. Se añaden las madejas mojadas y se pone el traste a bañomaría sobre agua hirviendo durante hora y media. Después se sacan las madejas y sin enjuagarse, tan sólo escurridas, se meten al baño de color.

**Mordente con estaño.** Para un kilo de seda, 30 gramos de estaño y 125 gramos de cremor tártaro. Disolver primero el cremor tártaro en agua tibia y aparte hacer lo mismo con el estaño. Añadirlos al recipiente donde se le agregará más agua. Agregar las madejas, colgándolas, y poner el recipiente a bañomaría durante hora y media sobre agua hirviendo. Sacar las madejas y enjuagarlas antes de introducirlas al baño de color con agua tibia.[8]

**Mordente de alumbre y piñón.** En Oaxaca, las hojas frescas del piñón de forma oval son machacadas y puestas a macerar en agua durante ocho días. Luego son hervidas y coladas, se les añade alumbre en polvo y látex o leche de la misma planta, el cual se recolecta en un poco de agua al arrancar las hojas de la rama. Allí mismo se añade el colorante como tinte de cochinilla, se calienta todo junto, se añaden las madejas y después se coloca el recipiente al fuego, sin hervir, durante media hora, y quedan teñidas las madejas en un tono oscuro.

La preparación de los colorantes es muy variable. Para obtenerlos de los árboles, éstos deben tener más de diez años de edad; se cortan y se ponen a secar a la sombra, en un lugar ventilado, para que no críen moho. Bien secos se guardan, ya sea enteros, en astillas o en aserrín. De la mayoría de los árboles se aprovecha solamente el corazón, que es generalmente el que contiene el tinte; así sucede con el palo de Campeche, el de Brasil y el inhuambo, que se maceran en agua con un poco de vinagre. Del colorín, el mauto, el encino y el cuachalalate se aprovecha la corteza. Los tonos de un mismo palo varían según el entonador que se le agregue. Se utilizan 50 gramos de astillas para 100 gramos de seda. El color se obtiene de raíces y hojas por infusión o maceramiento.

**Vegetales.** De las flores se utilizan los pétalos. Las flores hay que cortarlas en toda su lozanía y completamente secas. En caso de usarlas frescas, entonces hay que arrancarles inmediatamente los pétalos después del corte. Luego se ponen a hervir hasta que quedan transparentes. El agua entintada se cuela, se le añaden dos cucharadas de vinagre de pulque y una cucharadita de alumbre, y se hierve durante un cuarto de hora. En seguida, se mete la madeja y se pone al fuego, sin hervir, durante media hora. Se deja reposar dos días más en el tinte, luego de lo cual se saca y se enjuaga. Al utilizar pétalos secos, se utiliza en proporción de 50 gramos de pétalos por 100 de seda. Los pétalos deben secarse a la sombra para que no pierdan el color. Si las flores son frescas hay que poner 100 gramos de pétalos por cada 100 gramos de seda.

Muchas de las flores silvestres como la dalia (amarilla y roja), el cempoalxochitl, el girasol y el acahual producen tintes amarillos o naranjas. La rosilla de un color carmesí y el metalxochitl, el azul; estas dos flores son tan pequeñitas y delicadas que es difícil conseguirlas. Todas las flores silvestres se encuentran en el campo entre agosto y octubre. Las cultivadas, como la flor del granado, se consiguen casi todo el año.

**Chicalote (o amapola espinosa) y azafrancillo.** De cualquiera de éstas lo que se aprovecha son las raíces que, preparadas por infusión, dan color amarillo. Otras plantas guardan el tinte en los tallos, las hojas, los frutos o las semillas. Del maíz,

*Colores hay de muchas diversidades, hechos de tintas de algunos árboles y de flores porque los indios no han sabido perfeccionarlas con las gomas para que les den el temple que han menester para que no se desdigan, y desdicen. Pero los que cogen la seda han ya buscado remedios y dicen se darán tan perfectos como en las partes que más perfectos se dan.*

Fray Diego de Landa

se aprovechan los cabellos del fruto. Son necesarios 200 gramos de cabellos finos por cada 100 de seda mordentada en alumbre y cremor tártaro. Un tono amarillo que puede oscurecerse se obtiene mordentando la seda con media cucharadita de bicromato de potasio.

**Zacapalli.** Es un parásito amarillo de tallos largos y sin hojas que se desarrolla sobre la corteza de los árboles durante la temporada de lluvias. En Oaxaca lo llaman también bejuco y en Hidalgo "tripas de Judas". Antiguamente se vendía en tortas llamadas *zacatlaxcalli* o tortilla de zacate. Se recoge antes de la floración y es puesto a secar a la sombra, sobre un papel para que no se pudra. Ya seco, se hierve en agua 100 gramos de zacapalli con una cucharada rasa de tequesquite. Es colada la mezcla y se introduce allí una madeja de 100 gramos de seda, y se le mantiene media hora en preebullición. Luego se pone a enfriar y se le deja en el tinte durante dos días, al cabo de los cuales se enjuaga y se tiende a la sombra. El color llamado verde compuesto se logra tiñendo la seda primero con zacapalli y después con añil.

**Añil.** El color azul se extrae de la planta llamada añil, que en la actualidad se procesa únicamente en Niltepec, Oaxaca. Allí, después de un procedimiento especial, se obtiene el colorante en terrones que se conocen en el mercado como "piedra añil". Para teñir 115 gramos de seda se usan 44 gramos de la piedra, que se muele y se pone a hervir en un litro de agua durante una hora. Se aparta del fuego y aún caliente se le añaden una cucharadita de cal y una cucharada copeteada de glucosa, que puede sustituirse por dos cucharadas de miel: de abeja, de melcocha de tuna o de panela molida. Como entonador, se usa una mano de hojas y tallos de muicle fresco, machacados. Todo se revuelve y se deja fermentar, evitando el frío. Al fermentarse, la combinación produce una espuma que se mezcla agitándola de vez en cuando. Después de dos semanas, la solución se cuela o se decanta, pues los residuos que quedan en el fondo de la olla hacen que el teñido se manche o quede disparejo. Ya colado, se entibia y, mientras tanto, la madeja se moja para

Flor de chicalote o amapola espinosa.

*De la seda que acá se ha sacado se ha teñido alguna y sube en fineza, y metida en la colada no desdice por la fuerza de los colores.*

**Motolinía**

que tome el color uniforme y se mete y se saca del tinte para que le dé aire hasta que se logra el color deseado. Después se enjuaga en agua tibia y se pone a secar. El método moderno para fermentarlo consiste en disolver, en un poco de orines calientes, una onza de piedra añil molida y una onza de alumbre en polvo. La mezcla se pone a fermentar al sol o en un lugar caliente hasta que se ponga verde.[9]

**Achiote.** Produce un tono amarillo naranja, se vende como alimento en semilla y en pan simple o condimentado. Es común en Oaxaca, Yucatán y Chiapas. Para prepararlo se hierve medio litro de agua con unos 15 gramos de alumbre, se mete una madeja de 50 gramos y se deja reposar toda la noche. Aparte, se disuelven 30 gramos de pan de achiote simple en medio litro de orines tempraneros, aún calientes, y se deja reposar día y noche. Al día siguiente se retira la madeja de seda y se mezclan las dos preparaciones, coladas, en una sola olla. Ahí se mete la madeja húmeda y se mantiene a punto de preebullición un cuarto de hora. Luego se deja enfriar y reposar en el tinte hasta el día siguiente, en que se enjuaga y se seca a la sombra. Para teñir con la frutilla del madroño, que también da un color amarillo, hay que macerar el fruto y las ramitas picadas, dejándolas en agua con una cucharadita de cal. A los tres días se hierve, se cuela y se mete allí la madeja, calentándola junto con el tinte para ser teñida.

**Animales.** El caracol púrpura Pansa, de la costa del Pacífico, tiñe directo sobre seda humedecida en agua de mar.

**Grana o cochinilla plateada.** Se muele y macera desde la víspera en proporción de 10 gramos de cochinilla molida por 100 de seda. Para teñir la seda con ella, que da un color carmesí, hay que dejarla toda la noche en un mordente que se prepara poniendo 14 gramos de alumbre por 115 de seda. Para el baño de color, se muelen 14 gramos de cochinilla, 2 gramos de cremor tártaro y 7 de agallas o chapolas de encino. Todo bien molido se pasa por un tamiz y se disuelve en 2 litros de agua hirviendo. Cuando el tinte enfría un poco, se introduce la madeja y se deja en preebullición durante una hora. Luego se deja reposar en el baño de color, cuidando que permanezca bien sumergida para que no quede manchada. Se saca al día siguiente, se pone a secar cinco horas y después se enjuaga.[10]

El color natural de la cochinilla es el carmín, pero se puede variar con diferentes entonadores. Si se le añade un virador ácido, como jugo de limón o ácido cítrico, el tono tiende al amarillo; si se le pone una base alcalina, como la ceniza o la cal, tiende al morado, pues se modifica el PH (potencial de hidrógeno). En 1656 un holandés descubrió por casualidad el efecto de las sales sobre la cochinilla, logrando con ellas el rojo escarlata. Para obtenerlo, se necesitan 100 gramos de seda, 3 gramos de cloruro de estaño, 12 gramos de cremor tártaro y 10 de cochinilla molida y macerada en agua desde la víspera. Al día siguiente se pone a hervir durante una hora y después se cuela. Tibia aún, se añade la madeja de seda sin mordentar y se le tiene durante una hora en preebullición. Se retira la madeja, se añaden los mordentes y, una vez disueltos, se vuelve a introducir, se pone a calentar durante unos veinte minutos más y finalmente queda teñida.

**Color rosa fuerte de Oaxaca.** En un litro de agua se pone a macerar un manojo de hojas de teshoatl picadas. Después de ocho días se añade medio litro de agua, se ponen a hervir un cuarto de hora y se cuelan. Se maceran aparte 10 gramos de cochinilla molida en medio litro de agua, se hierven media hora y se cuelan. Se mete allí una madeja de seda de 50 gramos, mordentada con 10 gramos de alumbre y 3 de cremor tártaro. Se deja en preebullición un cuarto de hora y se saca. Entonces el líquido del teshoatl, que es un entonador, se mezcla con el tinte, se calienta y se vuelve a meter la madeja un cuarto de hora más, pero sin hervir, para que el tono cambie. Más tarde se deja enfriar en el baño, se saca, se pone a secar y pasadas cinco horas se enjuaga. Si al tinte que quedó se le añade un chorrito de pulque avinagrado y un xoconochtli o tuna agria partida, se obtiene el color de rosa. Utilizando cáscaras y semillas de aguacate como entonador, se consigue el tono morado.

Madejas de seda floja.

Colorantes naturales: achiote, zacapalli, fruto de madroño y cabello de elote.

**Color geranio.** Se mordenta una madeja de 115 gramos de seda con 3 gramos de cloruro de estaño. Se muele aparte la cochinilla hasta tener una cucharada de polvo fino; se echa a remojar veinticuatro horas en un litro de agua y al día siguiente se calienta sin hervir durante media hora y se cuela. En otra olla se ponen dos litros de agua al fuego, se les añade una cucharadita de ácito oxálico, y ya que se diluye se le añade una infusión de cochinilla. Cuando la mezcla está tibia, se mete la madeja remojada en agua también tibia y se pone media hora al fuego, en preebullición; después se deja enfriar en el tinte y al día siguiente se saca e inmediatamente se lava con agua fría.[11] En Oaxaca, en vez de ácido oxálico se usan hojas de tejute o de totopoxtle, que lo contienen.

**Púrpura, bermellón y rosa.** Para una madeja de seda de 100 gramos mordentada con 13 gramos de alumbre y 6 de cremor tártaro, se remojan 10 gramos de cochinilla molida en un litro de agua. Al día siguiente se agrega más agua, que se hierve y se cuela. Allí es introducida la madeja de seda húmeda y se le mantiene por espacio de una hora en preebullición. Cuando la seda toma un color púrpura, se aparta, pero si se quiere obtener un tono bermellón, se añade al tinte 3 gramos de ácido cítrico diluidos en agua caliente, se introduce de nuevo la madeja y se pone a calentar media hora más. Si se prefiere un color de rosa, se aprovecha el mismo tinte, que entonces habrá bajado de color.

**Verde.** Con las cagarrutas de los gusanos de seda se obtiene un verde muy hermoso. Se pone a macerar media taza de cagarrutas en un litro de agua, después de lo cual se machaca y se hierve a fin de que suelte todo el color que a esa cantidad le sea posible. La madeja se mantiene en este tinte durante un cuarto de hora, en preebullición, y luego es sacada de allí. En medio litro de agua hirviendo se disuelve media cucharadita de alumbre, un cuarto de cucharadita de cremor tártaro y una cucharadita de vinagre de pulque. Todo es hervido durante cinco minutos, se añade al baño de color y allí se vuelve a meter la madeja manteniéndose caliente durante 15 minutos más. Luego el tinte se deja enfriar, la madeja se enjua-

ga y se deja secar. Así se obtiene un tono verde amarillento que es posible oscurecer entonando con tequesquite en vez de pulque. El vinagre de pulque se obtiene mediando pulque o aguamiel con agua y tequesquite; se calienta sin dejar que hierva y se deja fermentar al sol durante un espacio de nueve días.

Tomás Yllanes, en su diálogo con un labrador, instruye a éste acerca de la cría del gusano de seda y, entre otras cosas, le recomienda no tirar el agua gomosa que queda después de devanar los capullos, "pues con ella se dan maques muy hermosos".[12]

Madejas de seda entintadas con colorantes naturales.

# Las artesanas de la seda

*El gusano de seda es único por las propiedades con que el adorable autor de la naturaleza quiso particularizarle y distinguirle de los demás insectos.*

**Conde de Revillagigedo**

**S**ierra Zapoteca. Las sederas zapotecas llaman a los huevecillos de las mariposas de seda con el nombre de "piojitos de Cristo", y es tal su amor por los gusanos que llegan a decirles a sus nietos: "Bésenlos, porque ellos son los que nos dan de comer." Quizá nos resulte difícil imaginarnos este apego a los animalitos de la seda, pero de cualquier modo ello no sólo ha contribuido a que entre las mujeres zapotecas el arte sedero se haya conservado, sino que, al mismo tiempo, refleja, hermosamente unidos, tanto sus sentimientos como sus creencias.

Cuando llega el tiempo de que nazcan, los gusanos ponen la semilla sobre unas tablas, y en cuanto los ven salir les van poniendo hojitas por las que instintivamente aquéllos se trepan. Esas hojitas se colocan en un tapesco, que es una cama de carrizo cubierta de hojas de morera. Allí se desarrollan los gusanos. Si no tienen en su casa suficientes hojas, las artesanas se las compran al vecino o a otras artesanas que sí tienen suficientes, haciendo el trato por la cosecha de un árbol completo. Si son pocos los huevecillos, los consiguen en San Mateo Cajonos. Cuando notan que los gusanos ya quieren trabajar sus capullos, les acercan hojas de encino cucharillo. A los quince días recogen los capullos y los ponen sobre una tarima de madera y dejan que nazcan todas las mariposas, que allí mismo se acoplan. Los capullos libres los van recogiendo en cestos de vara; no los desborran, los lavan con agua y jabón y ya enjuagados los echan a hervir en una olla con ceniza. Una vez desgomados y blanqueados, los capullos se enjuagan en agua limpia y se ponen a secar.

Para sacar la seda abren hábilmente los capullos con los dedos y forman una guedeja que sujetan con la mano; en seguida comienzan a jalar las hebras, sujetándolas al malacate para hilarlas y torcerlas a un mismo tiempo, haciendo bailar el huso en la jícara. A diferencia de las mixtecas, las zapotecas hilan los capullos directamente haciendo un sólo trabajo.

Una vez que tuercen la seda, la sacan del huso y forman bolas que después urden y tejen. Tejida la prenda, se tiñe y se empunta. Las mujeres de San Pedro, que ya dejaron el traje tradicional, en vez de fajas o ceñidores tejen rebozos que luego venden. En la región zapoteca de la sierra de Ixtlán de Juárez, cuando más se teje es durante los meses de abril y mayo, después de la cosecha de los capullos. La misma costumbre se sigue en los pueblos vecinos como Yaganiza, Xagasia y San Francisco, donde las mujeres utilizan todavía una faja de seda roja y su indumentaria tradicional. También en Macuilxochitl, Valle de Oaxaca, se produce seda.

Otilia Jiménez, indígena zapoteca de San Pedro Cajonos, me contó que en su infancia su abuela le enseñó a sacar la seda de los gusanos del madroño abriendo los capullos tiernos y levantando poco a poco las capas o telitas de seda, de adentro hacia afuera, en seco, sin hervir, para irlas hilando y torciendo con el malacate. Ella dice que hacía el trabajo mientras andaba en el monte cuidando las cabras, y empleaba la seda con el fin de hacer cordones para las trenzas. En ocasiones los teñía y, según cuenta, éstos adquieren más fácilmente los colores que otras sedas. Tal parece que no ha perdido la costumbre, pues en mayo de 1987 aún tenía en un cestillo un capullo blanco de madroño a medio hilar.

Costumbre muy semejante anota Sahagún cuando dice: "Las trenzas de que usaban para tocar los cabellos eran de diferentes colores y torcidos con pluma."[13]

## Mixteca Alta

Con el paso de los años, cada uno de los pueblos de México que aún se dedica a la sericicultura ha desarrollado técnicas particulares, aunque la Mixteca nunca ha vuelto a producir lo que en el siglo XVI, a propósito de lo cual Motolinía comentó: "No era cosa pequeña de ver las casas donde crece la seda, con diez a doce mil canastas de gusanos que cuando hilan, llenan de capullos de piso a techo, como un bosque lleno de rosas."[14]

En San Mateo Peñasco los huevecillos que se reservan para la futura crianza se guardan en atados de trapo, de la misma forma que se hacía hace cuatrocientos

*Página siguiente*
Delfina Sánchez y su hija Juana Domínguez, hilando. Yaganiza, Sierra Zapoteca.

años, según aparece en el *Códice Sierra*. En el mes de marzo, cuando consideran que los gusanos ya van a nacer, ponen los huevecillos en unas jícaras que les sirven de cuna y ahí los dejan hasta que están más grandecitos. Luego forman con carrizos un zarzo doble y lo cuelgan de las vigas del techo de la habitación; sobre los otates crían a los gusanos con hojas de morera. Si no les alcanzan las moreras que tienen en su casa, compran la hoja. A veces tienen que ir a buscarla hasta San Agustín Tlacotepec, un pueblo vecino.

Cuando los gusanos ya quieren anidar, les ponen hojas secas de encino para que hilen sus capullos. Conforme nacen las mariposas, las van colocando sobre pencas de maguey para que ahí se acoplen y pongan sus huevecillos, que después se recogen fácilmente. Los mixtecos dejan que todas las mariposas nazcan. Los capullos que van quedando vacíos se recogen y se ponen en un tenate, que cuelgan del mismo zarzo en que los criaron. En la parte inferior van reuniendo a las mariposas muertas, que después usan como abono. Pasado un mes desprenden los huevecillos, los envuelven en un trapo y cuelgan el atado de un clavo en la habitación, hasta el año siguiente. Para procesar los capullos nunca les quitan la borra. Los lavan con agua y jabón, los echan en agua hirviendo con ceniza para que se cuezan y suelten la sericina, los enjuagan y los ponen a secar.

Cuando los capullos están secos, los abren y los destienden, y van jalando la fibra para hacer unas bolas que después tuercen con el malacate. Luego, en devanaderas, forman las madejas de hiladillo, las tiñen con anilina magenta y las venden entre los indígenas de la Mixteca Baja, pues las artesanas de San Mateo Peñasco no intervienen en la labor de tejido.

En Santa María Peñoles hilan y tiñen la seda silvestre para venderla. La llaman *tintuv'a yucu*, "gusano de seda de monte", y se le encuentra en los encinos de la Mixteca Alta. Esos gusanos no son comestibles. En San Mateo Peñasco los llaman pochocuiles; son azotadores amarillos y, al limpiar el capullo, los pelos urticantes que quedan como residuos producen irritación en la piel. La seda se

Los gusanos anidan en hojas secas de encino.

*Páginas anteriores*
Otilia Mazas, devanando.
San Miguel Cajonos, Sierra
Zapoteca.

Elena Lazos, urdiendo.
Yaganiza, Sierra Zapoteca.

Matilde Arreola Mazas,
tejiendo. San Mateo
Cajonos, Sierra Zapoteca.

Librada Pardo, empuntando
un rebozo. Yaganiza.

Romualda, mujer zapoteca de Yalalag, Oaxaca.

Huipil náhuatl bordado en seda, de San Sebastián Zinacantepec, Puebla.

extrae directamente sin hervirla, esponjando los filamentos como si fuera algodón; luego se hila y tuerce con malacate. Asimismo, puede hilarse junto con pelo de conejo y teñirse fácilmente por tratarse de dos fibras animales.

**La seda en la indumentaria indígena actual**

Las mujeres han tejido desde tiempo inmemorial: Penélope tejía y destejía esperando a Ulises. Al llegar a México, los españoles quedaron maravillados con los tejidos que salían de manos de las indígenas que los elaboraban, como hasta hoy día, en primitivos telares de cintura con fibras de ixtle, henequén o algodón, entremezcladas con plumas y con pelo de conejo. Cuando los indígenas conocieron la lana, la adoptaron para los climas fríos. El lino se utilizó principalmente en Yucatán, y la seda oriental fue el toque de lujo con que engalanaron su indumentaria tradicional.

Son ya muy pocos los grupos indígenas que usan la seda y menos aún los que la producen. La producción se limita a ciertos pueblos de Oaxaca en donde las mujeres aún la tejen o la venden. En el pueblo llamado de La Seda, que pertenecía a la jurisdicción de Guaxolotitlán, hoy Santiago Huajolotitlán, Oaxaca, las mujeres aún tejen sus huipiles de boda en algodón hilado a mano, y les bordan con seda águilas de dos cabezas, soles, pájaros y diseños multicolores que dan la impresión de esmalte. Como complemento, usan un tocado de lana negra llamado tlacoyal, terminado en flecos de seda que con el aire se agitan como plumas: una reminiscencia prehispánica de la región de la Mixteca Baja.

En San Sebastián Peñoles los mixtecos tejen bolsas de algodón con listas de seda; en San Juan Mixtepec tanto el ceñidor del hombre como el de la mujer están tejidos con seda, y en San Bartolo Yautepec los huipiles de algodón van adornados con figuras tejidas con seda. Todos estos pueblos compran el hiladillo que se produce en San Mateo Peñasco, en las ferias de la región.

150

En Yalalag, pueblo zapoteco de Oaxaca, las mujeres, para evitar los desgarrones del cuello de sus huipiles, les aplican un mazo de seda brillante, que al mismo tiempo hace las veces de adorno. Este toque de color en su blanca indumentaria contrasta con sus negros tocados de lana, enrollados como si fueran serpientes.

En el vecino pueblo de Yaganiza, las mujeres, que también visten de blanco, se ciñen la cintura con una faja de seda roja obtenida mediante la cría de gusanos de seda. El huipil ceremonial de los mixtecos en Ixtayutla lleva al frente diminutos dibujos tejidos con hiladillo de seda, y los pozahuancos o faldas del mismo lugar lucen rayas tejidas con seda, aunque ésta no se distingue debido a lo opaco de la fibra.

En Puebla lo único que subsistió a principios de siglo fueron los blancos huipiles tejidos de fino algodón con el frente bordado de seda por las mujeres de San Sebastián Zinacantepec, población náhuatl cercana a Tehuacán, donde las ancianas centenarias, amables y comunicativas, se deciden sólo por necesidad a vender sus huipiles, pues el ideal es que las sepulten con ellos, y así verse arregladas "cuando Dios las llame a Juicio". Doña Perfecta Narciso, una anciana del pueblo, nos explicó que en el adorno no podían faltar el mazatl (venado) ni las flores y dibujos geométricos bordados con hilos morados, amarillos y rojos. Dos cintas de seda sueltas rematan el bordado.

En Amatlán, Veracruz, los huipiles también se bordaban con seda, aunque ya los últimos en algodón. En Zitlala, Guerrero, las faldas majestuosas de las mujeres y sus blancos huipiles aún son bordados con artisela de brillantes colores con dibujos de borregos, pájaros y flores.

Las indígenas purépechas de Paracho, Michoacán, cubren los rapacejos de los rebozos de algodón con sedas flojas, adorno que es una reminiscencia de la plumaria.

Los indígenas otomíes de Tolimán, Querétaro, tejían quechquemitls con seda de la Misión de Jalpan y técnica de reserva o *ikat*, que consiste en anudar el hilo en determinados lugares para que al teñir la fibra queden pequeños espacios

*La seda es la tela sagrada; es de la que nos vestimos cuando queremos tocar a Dios.*

**Salvi Chotalal e India Patan**

Brocado de seda azul y plata, siglo XVII.

Virgen del Refugio, bordado del siglo XVIII.

Rebozo teñido con técnica de ikat, siglo XVII.

blancos. Doña Belén Morales, que vivía en el barrio del Granjero, teñía la seda con añil y cochinilla. Era una "niña-vieja", como se dice en los pueblos, que pasó su vida acariciando la seda en un rústico telar, hasta que murió en 1982.

## El rebozo

El rebozo, prenda mestiza por excelencia, se elaboró desde el siglo XVI aprovechando el ancho del telar de cintura indígena y en respuesta a la necesidad de cubrirse de las mujeres mestizas, quienes tenían prohibido usar la indumentaria de las indígenas y que, al mismo tiempo, no contaban con los recursos de las españolas como para poder adquirir las costosas prendas que estas últimas vestían, generalmente mantillas de encaje y mantos de burato.

El rebozo fue originalmente una tira larga de algodón o lana a la que le añadieron después flecos; y más tarde recibió influencia del *sari* hindú, en la decoración con hilos de metal. Poco a poco se fue transformando incluso en el teñido, pues se empezó a aplicar la técnica de *ikat*, que da la impresión de una textura de piel de serpiente. Durante la época virreinal el rebozo cautivó a la nobleza, cuyas mujeres no se contentaron con los lujosos tejidos de hilos metálicos, de seda y trama de algodón, sino que además los bordaron con sedas flojas, pintando con la aguja paisajes y conmemoraciones.

Los rebozos de seda son aún tejidos en Santa María del Río, San Luis Potosí. La seda se utilizó también hasta hace unos años como adorno del vestido de las mestizas chiapanecas. Se tejían con seda redes de mallas diminutas que después se "trapeaban" con un estilo de bordado que formaba flores multicolores. Actualmente bordan sobre tul con hilos de artisela. Las zapotecas de Tehuantepec, las famosas tehuanas, usan aún huipiles cortos y faldas amplias de terciopelo cubiertas de flores bordadas en seda que recuerdan el mantón de Manila.

# El oficio de bordar

El 20 de septiembre de 1546 don Antonio de Mendoza dictó la Ordenanza de Bordadores. La elección de veedores se hacía el día de año nuevo en el Hospital de las Bubas, y si algún oficial faltaba sin causa justa, pagaba una libra de cera. El examen consistía en bordar "una imagen de oro matizada, con su rostro, pie y manos de encarnación de punto, y otra imagen de sedas".[15] El examinado pagaba ocho pesos, dos para el hospital, dos para el veedor y el alcalde, y cuatro para los gastos del Arte y Oficio. A cambio, recibía una carta que había que mostrar siempre que fuera necesario. La patrona del gremio de los bordadores era la Virgen de las Angustias, que se veneraba en el Hospital del Amor de Dios, destruido en 1788.[16] La imagen se trasladó a la Iglesia de San Andrés, donde estuvo hasta 1868, al tirarse según García Cubas el templo para abrir la calle de Xicoténcatl.[17]

Había bordadores de oficio pero también se bordaba en los conventos. Según Mendieta, el que introdujo el bordado en Nueva España fue un lego llamado fray Daniel. A excepción de algunos monjes, donde más se bordaba era en los conventos de monjas, cuyas manos hacían los emblemas que llevaban prendidos en sus hábitos, que después se sustituyeron por imágenes pintadas al óleo, enmarcadas en carey. La mayoría de los trabajos manuales eran dedicados al culto religioso. Los ornamentos sagrados, como los que se conservan en el Museo del Virreinato de Tepotzotlán por ejemplo, se bordaban con sedas flojas combinadas con hilos de oro y plata briscada, con los que formaban petalillos, entorchados y figuras en relieve que enriquecían con "lentejuelas de oro y plata pavonada, además de la aplicación de piedras de espejo".[18] Los roquetes de los prelados se adornaban con encajes de bolillo tejidos con ixtle finísimo; algunos ornamentos como los que se conservan en Roma llegaron a cubrirse de plumas. También bordaban frontales de altar, guiones o banderines para los gremios, estandartes para

*Está aprendiendo a bordar y a hacer trencitas de chaquira.*

**José Joaquín Fernández de Lizardi**

las procesiones y la indumentaria de las imágenes. Según una crónica del siglo XVIII, en el vestido de la Virgen de la Paz se habían bordado, con todos los Santos Patriarcas y Progenitores, entretejiendo sobre raso carmesí con ramos y florones de oro, "setenta y tres mil quinientas y sesenta perlas de todos los tamaños".[19]

**Las labores**

Gil González Dávila refiere que "en el año 1530 tuvo la emperatriz aviso que las mujeres nobles de México vivían con sobrada ociosidad, procedida en ellas y en ella de la opulencia y la riqueza, y envió una provisión al arzobispo, en que las mandaba y rogaba, que porque de la ociosidad se siguen muy grandes daños, que todas se ocupasen en ejercicios dignos de sus personas y que si fuere menester enviaría lino y todos los aliños de hilar".[20]

Seguramente las mujeres europeas llevaron consigo, al viajar al Nuevo Mundo, sus enseres de costura, entre ellos sus dechados, muestrarios que se hacían con el fin de aprender a coser y memorizar las puntadas. Los primeros dechados de que se tiene noticia se encontraron en tumbas egipcias.[21] En Inglaterra, en el Museo Victoria y Alberto, de Londres, se conserva una colección de dechados de todo el mundo, incluso de México.

En los dechados mexicanos, los diseños europeos se mezclaron con la ornamentación indígena y con la oriental, debido a las prendas bordadas que llegaban en la Nao de Manila. Se produjo así un mestizaje artístico en las artes manuales y en los materiales que empleaban, pues se utilizó indistintamente lino europeo, algodón mexicano y raso de seda china, y se bordaba con hilos del país o con sedas importadas. De esos dechados, los más valiosos son los que ostentan las fechas en que fueron realizados. Algunos llevan el nombre de sus dueñas, otros son verdaderos árboles genealógicos o imágenes bíblicas, pues a menudo aparecen reproducidos Adán y Eva. Los hay incluso con versos o dichos sumamente curio-

Relicario bordado con *Agnus Dei* en cera de Inocencio XIII, 1722.

Detalle de un delantal chino, bordado en *moiré* de seda.

sos, como por ejemplo éstos: "La que cose sin dedal cose despacio y mal", "Cuando la Virgen cosía nunca la aguja perdía", "Por dos corazones fieles" o "Cuando se corona un gusto".

Las señoras de mundo se entregaban a las labores de aguja con la misma dedicación que lo hacían las monjas en los conventos. La ropa interior se cubría de bordados en blanco y se adornaba con encajes, lo mismo que los ropones de bautizo de los niños, que se cubrían de vainicas, gabiados, florifios y compromisos. Relindos, tiras bordadas y listones adornaban la ropa de cama; los manteles y las servilletas también fueron motivo de ornamentación.

En el siglo XIX se pusieron muy de moda los gloriosos animales de lana realzada que enmarcaban en cuadros dorados con cristales, en cuyas cenefas negras aparecían dedicatorias como "A mi querido papá". Otro bordado muy popular de esa época fue el de los entorchados de chaquira o abalorios, cuentas que llegaban de China en mazos de diferentes colores o como aderezos formados por collares, aretes y pulseras, y que después de la Independencia se trajeron de Checoslovaquia a través de Estados Unidos.[22] La chaquira se usaba para adornar las camisas de las mujeres, para tejer cintillas de las que se colgaban las medallas, para hacer las toquillas de los sombreros de charro y hasta para cigarreras.

Hablando de las artes manuales practicadas por las mujeres, Fernández de Lizardi, el Pensador Mexicano, dice en *La Quijotita y su prima*: "¿Quién no se cansaría de verlas solamente ensartar guardando dibujo y proporción millares de cuentecitas de chaquira para hacer una trenza, una cigarrera u otra cosa?"[23] Desde luego, también se hicieron dechados de chaquira pues las monjas usaron este adorno para manteles de altar.

Los dechados aún se acostumbraban a principios del siglo XX. Las puntadas más usuales eran el punto llano, el punto atrás, el punto de cruz, el bordado al pasado, los deshilados, embarcenados, pepenados, gabiados y puntas de aguja. Para marcar iniciales en los pañuelos, las enamoradas usaban románticamente sus propios cabellos. Los cuadernos impresos de labores manuales fueron una de las causas de la desaparición de los dechados. Las mujeres ya no aprendieron a coser desde niñas, perdiéndose así esa habilidad tan femenina.

## Costureros y bastidores

Con las labores manuales, se hizo indispensable la caja de costura. Primero se hicieron simples arcones de madera con tapa plana con cierres de herrajes. Más tarde, se trajeron de Oriente costureros laqueados y, en el siglo XVIII, apareció la almohadilla, una cajita de madera de forma alargada que lleva en el exterior de la tapa un cojinete cubierto de damasco o de terciopelo, donde se prende la labor cuando se hacen puntadas como la vainica. El interior de la misma tapa lleva casi siempre un espejo al centro y un par de marquitos a los lados con grabados de algún santo. Lo esencial son los múltiples cajoncitos y las pequeñas divisiones que encerraban todo un tesoro en devanadores de concha nácar, punzones de marfil, canuteros de hueso para las agujas, tijeras y dedales de diversos materiales, desde oro, plata, cristal de roca y esmalte, que llevaban inscripciones como éstas: "No me piques" y "Con el tiempo". En Olinalá, Guerrero, y en Pátzcuaro, Michoacán, las almohadillas se cubrieron de maque, con decoración inspirada en la laca oriental de pájaros y flores y también detalles indígenas. En el siglo XIX, el decorado se realizaba por incrustación de maderas finas al estilo de la marquetería poblana, y les añadieron un cajoncito secreto para esconder las misivas amorosas, o diminutas monedas de oro. Para tejer el encaje de bolillo se usaba una almohadilla especial, de movimiento, con sus melodiosos ayudantes de madera o marfil. También eran muy importantes los bastidores manuales de mesa, de mano o con patas. Los más bonitos se hacían torneados con palo de rosa. Los costureros de estilo victoriano adquirieron otras proporciones, se les añadió un pie y se hicieron más grandes y cuadrados, además se acompañaban de una silla bajita llamada

*A su limpieza, actividad y dedicación, reunía mucha curiosidad para la aguja, trabajaba la chaquira, randas y sedas con primor.*

Luis G. Inclán

*Convirtió el Niño Dios, viejo y quebrado de marfil, en avíos para la almohadilla: curiosos devanadores, dedales y agujas de jareta.*

**Manuel Payno**

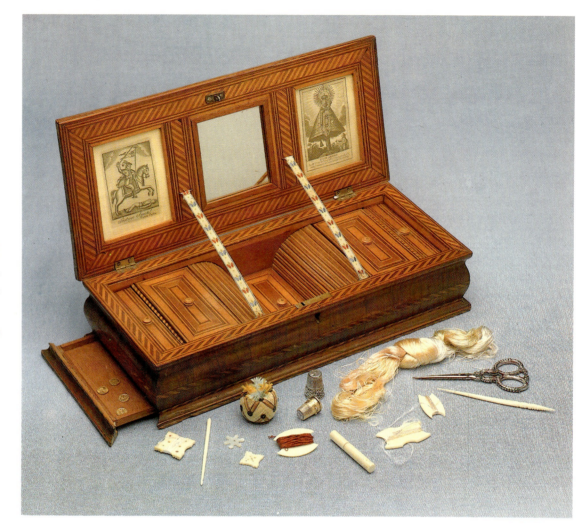

Almohadilla poblana. Siglo XIX.

"costurera". De Francia se trajeron unos costureros semejantes a los ingleses pero más ligeros y cubiertos de laca negra con incrustaciones de concha nácar y arabescos dorados, mezclados con flores, estilo que se llamó "Vernis Martin", por la familia que empezó a producirlos. Estaban inspirados en los muebles achinados o *chinoiseries*, tan en boga en esa época.

A fines del siglo XIX se importaron costureros de Inglaterra. Eran pequeños muebles de maderas finas con numerosos cajoncillos; verdaderos clásicos por su diseño y calidad. Ya entrado el siglo XX llegaron, de ese mismo país, costureros de cuero y bejuco con todo lo necesario para las amantes de la costura. La mujer mexicana disfrutó de estos implementos, y de sus manos salieron toda clase de primores matizando los colores con los hilos que tenía a su alcance, fueran de lana, algodón o brillante seda. Yo creo que se dedicaban a la costura con tanto afán porque, además de gustarles, era en ellas un pretexto para soñar.

## El cuidado de las prendas de seda

Si la tela de seda de color natural se pone amarillenta con el uso, se puede blanquear con lejía de ceniza. La lejía se calienta junto con la tela, ésta se tiene una hora sobre el fuego suave a que esté caliente pero sin dejarla hervir; después se retira de la lumbre y se deja en la lejía hasta el día siguiente, en que se lava con un jabón neutro rallado o jabón de escamas, disuelto en agua caliente; se le añade agua fría y se agita para que haga espuma. Estando el líquido tibio, se mete la tela y se cubre de espuma sin tallarla y se deja en jabón una media hora. Después se enjuaga varias veces hasta que salga limpia; entonces se extiende la tela sobre una toalla y se envuelve con ella para que le absorba el agua, y en seguida se cuelga por el interior, lejos del calor; estando aún húmeda se envuelve en una toalla mientras se plancha, pues no debe rociarse. La seda se plancha por el revés, con una plancha tibia, nunca caliente; si se trata de una camisa con cuello, se plancha poniéndole un trapo encima o un papel de china para evitar dorar la tela.

También hay que saber guardar las prendas de seda; de preferencia hay que tenerlas colgadas, los rebozos en particular deben enrollarse en un tubo de cartón para evitar los dobleces, pues por su causa se luye el tejido en esas partes. Los rebozos antiguos que han resistido mejor el paso del tiempo son los de seda con trama de algodón, aunque "no pasen por un anillo", como los que son únicamente de seda.

Tápalo de tafeta y terciopelo. Siglo XIX.

# Epílogo

Mi nana Guadalupe Piza me regaló, siendo yo muy niña, un rebozo de seda de rosa, muy delgadito, para que abrazara a mi muñeca. Ese significativo obsequio fue mi primer encuentro con la seda. Más tarde, con la ayuda de mi abuela, hice mi primer dechado, que bordé igualmente con seda. A Eduardo, mi hermano mayor, que estudiaba en el Colegio Franco Inglés de la Verónica, le asignaron como trabajo práctico la cría de gusanos de seda. Tenía yo entonces diez años y, dirigida por mi madre, fui quien se ocupó de los gusanitos. Los cuidé con verdadero entusiasmo hasta el momento en que hicieron sus capullos, pero mi hermano se los llevó sin que viera nacer ni una sola mariposa. De esos capullos, mi hermano obtuvo una madeja amarilla que, aunque nunca fue mía, la consideraba de mi propiedad. Más tarde bordé de punto de cruz, con sedas, un mantel de lino que aún conservo.

Cincuenta años después, en un viaje a España, encontré en el Rastro de Madrid a unos niños inquietos que reflejaban en sus negros y luminosos ojos la esperanza de vender sus gusanitos de seda. Verlos y sentirme niña otra vez fue una misma cosa: no pude resistir ese encuentro, mejor dicho ese reencuentro, y les compré un puñito de los preciados animales junto con unas hojas de morera. Los vine a criar en un canasto y, una vez que encapullaron, volví a México con mi tesoro y esperé a que nacieran las mariposas. Escribí entonces un libro destinado a los niños que titulé precisamente *La seda*, el cual por cierto también ilustré.

Mi encuentro con otro rebozo de seda me encaminó a los pueblos de la Sierra de Oaxaca, donde las mujeres indígenas cuidan desde los lejanos tiempos del siglo XVI a los gusanos descendientes de los huevecillos que Hernán Cortés enviara a Yanhuitlán.

Una visita a Murcia me puso en contacto con don Felipe González Marín y más tarde con María Victoria Hernández, en Islas Canarias. Ambos enriquecieron mis conocimientos y alentaron aún más mi trabajo al enviarme tan generosamente libros, semillas de morera y hasta huevecillos. Martín Clavé hizo lo mis-

mo desde Italia y tuve también información que me fue enviada desde Lyon, Francia, que sigue siendo un centro sedero importante.

Por último, gracias a la cooperación de mis amigas de la infancia y a la de varias jóvenes entusiastas, formamos juntas la Asociación Pro-Seda con el propósito de fomentar la sericicultura entre algunas comunidades indígenas de Oaxaca, que hoy en día cuenta con un programa dirigido por Víctor Manuel Aquino con el apoyo de la Fundación Mexicana para el Desarrollo Rural.

La ilusión que la seda despertó durante los años de mi niñez, puede ser hoy un sueño convertido en realidad. Abrigo ahora la esperanza de que sea principalmente para beneficio de las indígenas mexicanas, tal y como, hace ya cuatro siglos, fray Juan de Zumárraga lo deseó.

Dechado de lino bordado con seda. Siglo XX.

# Notas

[1] Yoshiko Shirata Kato, *Colorantes naturales*, p. 7.

[2] Mariano Cuevas, *Cartas y otros documentos de Hernán Cortés*, p. 256.

[3] Roberto Cherubini, *Cría moderna y rentable del gusano de seda*, p. 152.

[4] Miguel Jerónimo Suárez, *Arte de cultivar las moreras*, etc., p. 33.

[5] Roberto Cherubini, *op. cit.*, pp. 58-71.

[6] Talio Noda Gómez, *La seda, un arte palmero de siglos*, página 20.

[7] Teresa Castelló Yturbide, *Colorantes naturales de México*, pp. 21-22, 35-38 y 121-125.

[8] Ana Roquero, *Tintes naturales sobre seda*, Ms.

[9] Mary Frances Davidson, *The Dye-Pot*, página 20.

[10] Luis Fernández, *Tratado instructivo y práctico sobre el arte de la tintura*, p. 109.

[11] Mary Frances Davidson, *op. cit.*, p. 14.

[12] Tomás Yllanes, *Cartilla sobre cría de gusanos de seda*, p. 8.

[13] Fray Bernardino de Sahagún, *Historia general de las cosas de la Nueva España*, t. III, p. 130.

[14] Motolinía, *Memoriales*, Luis García Pimentel, México, 1903, pp. 10-11.

[15] Francisco del Barrio Lorenzot, *Ordenanzas de gremios de la Nueva España*, p. 138.

[16] Francisco Santiago Cruz, *Las artes y los gremios en la Nueva España*, p. 106.

[17] Antonio García Cubas, *El libro de mis recuerdos*, p. 115.

[18] Alejandro Rojas García, "Restauración de un bordado mexicano", *Boletín del Instituto Nacional de Antropología e Historia*, junio de 1970, páginas 41-43.

[19] Abelardo Carrillo y Gariel, *El traje en la Nueva España*, p. 145.

[20] Luis González Obregón, *México viejo*, página 382.

[21] Averil Colby, *Samplers*, p. 18.

[22] Alfonso de Maria y Campos, *La goleta "Joven Dorotea"*, Ms.

[23] José Joaquín Fernández de Lizardi, *La Quijotita y su prima*, capítulo VI.

Cordón de dalmática
del siglo XVII.

# APÉNDICES
Ignacio Piña Luján

Un virrey en San Agustín de las Cuevas. Rebozo del siglo XVIII.

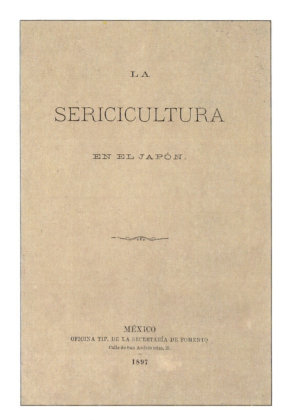

Grabados de *La sericicultura en el Japón*, publicado en México en 1897.

# Determinaciones taxonómicas

Los nombres vernáculos, tanto de las plantas como de los animales, pueden originar muchas confusiones ya que generalmente cambian de una región a otra, aun en países de una misma lengua. Con objeto de evitar estas confusiones, los biólogos hemos adoptado un sistema de nomenclatura técnica uniforme, con aceptación universal, para designar a todos los seres vivos, así como a las formas en que se agrupan.

Los nombres técnicos —también conocidos como científicos— constan básicamente de tres palabras latinas o latinizadas, de las cuales la primera indica el género (escrito con inicial mayúscula), la segunda la especie (escrita con minúsculas), y la tercera la familia (con mayúscula inicial). El género y la especie deben escribirse subrayados o con letras cursivas.

En el presente trabajo se da una relación de los nombres vulgares mencionados, así como los nombres técnicos a que corresponden.

Esta relación sólo debe interpretarse como una guía, pues la clasificación exacta de las plantas y los animales requiere del examen minucioso de los ejemplares completos, lo que en el desarrollo del trabajo no siempre fue posible.

Se ha tratado con mayor detalle a los animales y las plantas nativos de nuestro país, independientemente de que sean silvestres o cultivados. El nombre vulgar de las especies de origen extranjero (introducidas) está enlistado, seguido de la designación: *cultivado*.

# Relación de nombres vernáculos y técnicos de los animales y las plantas mencionados

## I. Animales

**caracol púrpura** *Purpura panza* y *Purpura patula*. Murícidos. Distribuidos en la costa del Pacífico y en la del Golfo de México, respectivamente.

**cochinilla, grana, nocheztli** (náhuatl) *Dactylopius coccus*. Cóccidos.

**gusano de seda cultivado** *Bombyx mori*. Bombícidos.

**gusano del encino** o **del guayabo** *Eutachyptera psiddi* (sinónimo de *Globeria psiddi*, *Bombyx psiddi* y *Bombix querci*). Lasiocámpidos. Es gregario, se alimenta principalmente de las hojas del guayabo y del encino. Su área de distribución ocupa los estados de Puebla, Veracruz, Oaxaca y Chiapas. De sus nidos se obtiene la llamada seda de la Mixteca o seda de monte.

**gusano del madroño** *Eucheira socialis*. Piéridos. Es gregario, se alimenta de las hojas del madroño (varias especies del género *Arbutus*). Su área de distribución son las serranías de la región occidental del norte de México (de Chihuahua a Michoacán), Sierra Volcánica Transversal, montañas del centro de Veracruz y montañas que rodean el Valle de Oaxaca.

**gusano del sauce** azotador. *Malacosoma incurvum* var. *aztecum* (sinónimo de *Malacosoma azteca* y *Clisiocampa azteca*). Lasiocámpidos. Es gregario, se alimenta principalmente del sauce (*Salyx babylonica*), que es una especie cultivada, huejote (*Salyx bomplandiana*), capulín (*Prunus capuli*) y fresno (varias especies del género *Fraxinus*). Su área de distribución: porción central del Altiplano.

**venado** *Odocoileus virginianus* (venado cola blanca), *Odocoileus hemionus* (venado bura o cola prieta), *Mazama americana* (venado temazate). Cérvidos.

## II. Plantas

**acahual** varias especies de los géneros *Bidens*, *Encelia* y, muy principalmente, *Tithonia*. Compuestas.

**achiote, achiotl, achiotillo** *Bixa orellana*. Bixáceas.

**agallas** o **chapolas** tumores que se forman en diversos vegetales y que son causados por organismos parásitos: insectos, ácaros, hongos o bacterias.

**aguacate** *Persea americana*. Lauráceas.

**algodón blanco, algodón café, coyuchi** *Gossypium hirsutum*. Malváceas.

**añil cultivado** *Indigofera tinctoria*. Leguminosas.

**añil silvestre** *Indigofera suffruticosa*. Leguminosas.

**azafrancillo** *Ditaxis heterantha*. Euforbiáceas.

**carrizo** *Arundo donax*. Gramíneas. Originario de la región del Mediterráneo, naturalizado en las zonas subtropicales de México.

**cempoalxochitl, cempasúchil, flor de muerto** *Tagetes erecta*. Compuestas.

**colorín, tzompantli** varias especies del género *Erythrina*. Leguminosas.

**cuachalalate** *Juliania adstringens*. Julianiáceas.

**chicalote, amapola espinosa** *Argemone mexicana*. Papaveráceas.

**dalia amarilla** *Dahlia pinnata*. Compuestas.

**dalia roja** *Dahlia coccinea.* Compuestas.
**encino** varias especies del género *Quercus.* Fagáceas.
**encino cucharillo** *Quercus urbani* y *Q. radiata.* Fagáceas.
**escoba de vara** *Baccharis conferta.* Compuestas.
**frijol soya** *Glycine soja.* Leguminosas.
**girasol** *Cosmos sulphureus.* Compuestas.
**granado cultivado** *Punica granatum.* Punicáceas.
**henequén** *Agave fourcroides.* Amarilidáceas.
**iguambu, inhuambo** (tarasco) *Bocconia arborea.* Papaveráceas.
**jícara, guaje cirial** o **ciriam cuautecomate** *Crescentia cujete* y *C. alata.* Bignoniáceas.
**lechuga cultivada** *Lactuca sativa.* Compuestas.
**limón cultivado** *Citrus aurantifolium.* Rutáceas.
**lino cultivado** *Linum usitatissimum.* Lináceas.
**líquenes** organismos vegetales primitivos que resultan de la simbiosis de un alga y un hongo; viven sobre la corteza de los árboles y en las rocas.
**madroño** varias especies del género *Arbutus.* Ericáceas.
**maguey, metl** varias especies del género *Agave.* Amarilidáceas.
**maicena** almidón que se obtiene del maíz.
**maíz, tlaolli** *Zea mays.* Gramíneas.
**mauto** *Lysiloma divaricata.* Leguminosas.
**metlalxochitl, hierba del pollo** *Commelina coelestis.* Comelináceas.
**morera blanca cultivada** *Morus alba.* Moráceas.
**morera negra cultivada** *Morus nigra.* Moráceas.
**morera silvestre** o **criolla, amacapulín** (náhuatl), **yagabeyosaa** (en zapoteco) **pejón** (huasteco) y **tiamath** (en el sureste de San Luis Potosí) *Morus celtidifolia* (sinónimo de *Morus mexicana* y *M. mollis*). Moráceas. Área de distribución: bosques templados, desde Coahuila hasta Centro y Sudamérica. En Chihuahua y Durango se localiza otra especie: *M. microphylla.*
**muicle** *Jacobinia spicigera.* Acantáceas.
**otate** *Arthrostylidium racemiflora* y *A. spinosum.* Gramíneas.
**palo de Brasil** *Haematoxylon brasiletto.* Leguminosas.
**palo de Campeche** *Haematoxylon campechianum.* Leguminosas.
**piñón cuipu** *Jatropha sympetala* y *J. curcas.* Euforbiáceas.
**pochote, pochotl** varias especies del género *Ceiba.* Bombacáceas.
**rosilla** *Tinantia erecta.* Comelináceas.
**tejute, hoja lisa** *Miconia argentea.* Melastomatáceas.
**teshoatl, tesguate** o **teshuate** *Conostegia xalapensis.* Melastomatáceas.
**totopoxtle, totopostle** *Licania arborea.* Rosáceas.
**xixi, shishi** residuo que queda después de extraer el ixtle de los magueyes pulqueros: *Agave salmiana* y *A. mapisaga,* así como de la lechuguilla: *A. lechuguilla.* Amarilidáceas. Se emplea como detergente.
**xoconochtli** tuna agria, fruto de varios nopales del género *Opuntia.* Cactáceas. Se utiliza como verdura.
**zacapalli, bejuco, tripas de Judas** varias especies del género *Cuscuta.* Convolvuláceas.

# Bibliografía

Álvarez del Villar, José, *Los cordados*, Texto e Imagen, México, 1974.

Beutelspacher, Carlos R., *Mariposas diurnas del Valle de México*, La Prensa Médica Mexicana, México, 1980.

—, *Las mariposas entre los antiguos mexicanos*, Fondo de Cultura Económica, México, 1989.

Bravo-Hollis, H., *Las cactáceas de México*, vol. I, Universidad Nacional Autónoma de México, México, 1978.

Cabrera, E.C., et al., *Imágenes de la flora quintanarroense*, Centro de Investigaciones de Quintana Roo, A.C., México, 1982.

Herrera, A., "El aje", *La Naturaleza*, Primera serie, t. VI, [s. e.], México, 1884.

Humboldt, Alejandro de, *Ensayo político sobre el reino de la Nueva España*, Porrúa, México, 1978.

Laurence, H.M.G., *Taxonomy of Vascular Plants*, McMillan, Nueva York, 1951.

Martínez, Maximino, *Plantas útiles de la flora mexicana*, Botas, México, 1959.

—, *Catálogo de nombres vulgares y científicos de plantas mexicanas*, Fondo de Cultura Económica, México, 1979.

Metcalf, C. L. y Flint, W. P., *Insectos destructivos e insectos útiles*, Compañía Editorial Continental, México, 1982.

Molina, A. de, *Vocabulario en lengua castellana y mexicana, y mexicana y castellana*, Porrúa, México, 1977.

Piña Luján, Ignacio, "Pasado, presente y futuro de los agaves", *Cactáceas y suculentas mexicanas*, t. XXVII, núm. 2, México, 1982.

—, *La grana o cochinilla del nopal*, Laboratorios Nacionales de Fomento Industrial, México, 1977.

Purseglove, W.J., *Tropical Crops*, Longman Group Limited, Londres, 1979.

Ramírez, R. G., comunicación personal, Departamento de Zoología, Escuela Nacional de Ciencias Biológicas, Instituto Politécnico Nacional, México, 1988.

Rojas, B., *Miahuatlán, un pueblo de México*, Editorial Luz, México, 1964.

Rzedowski, J., *Vegetación de México*, Limusa, México, 1978.

Salle, M. A., "Noticias sobre la seda silvestre de México y descripción del *Bombyx* que la produce", *La Naturaleza*, Primera serie, t. III, México, 1876.

—, "Noticias sobre el capullo del madroño", *La Naturaleza*, Primera serie, t. III, México, 1876.

Sartorius, C., "El gusano de seda", *Boletín de la Sociedad Mexicana de Geografía y Estadística*, 1870.

—, "Gusanos de seda", *Boletín de la Sociedad Mexicana de Geografía y Estadística*, 1870.

Siméon, Rémi, *Diccionario de la lengua náhuatl o mexicana*, Siglo XXI Editores, México, 1981.

Standley, C. P., "Trees and shrubs of Mexico", *Contr. U. S. Natl. Herb.*, vol. XXIII, Smithsonian Institute, 1920-1922.

Tosco, U., *Diccionario de botánica*, Teide, Barcelona, 1970.

*Vocabulario castellano-zapoteco*, Oficina Tipográfica de la Secretaría de Fomento, México, 1893.

# Glosarios

## De términos relacionados con el beneficio de la seda

**alcaicería** lugar en la ciudad de México donde era vendida la seda, a imitación de la Alcaicería de la Seda de Valencia, España.

**atanquia, tanquia** o **borra** seda que rodea exteriormente al capullo; también la de los capullos rotos o enredados.

**briscado** se dice del hilo de oro o plata rizado, escarchado o retorcido.

**catiteo** seda torcida y pasada dos veces por el torno; se empleaba para paños de rebozo en San Luis Potosí y Puebla.

**devanadera** aparato giratorio para preparar la madeja de seda antes de pasarla a la sarja.

**entorchada** seda empleada en bordados y en la confección de cuerdas de guitarra.

**hiladillo** seda cardada, hilada a mano, que se obtiene a partir de la borra.

**patentes** derechos y obligaciones que generaban las actividades de los cofrades de un gremio, las cuales se daban a conocer mediante papeles impresos y sellados.

**sarja** especie de torno pequeño donde se prepara la seda para trabajarla en el telar. Se dice también "una sarja" de seda al referirse a una madeja o mazo.

**seda cimarrona**, seda silvestre en Suyaltepec, y Huatusco, Veracruz.

**seda floja** seda para bordar que no está torcida.

**seda mixteca** seda producida en Oaxaca.

**seda en rama** la que se saca directamente de los capullos con el torno.

**seda de tapar** seda que no se tuerce.

**seda torcida** seda para urdir o bordar que se tuerce.

**sello** marca que por ley debía ostentar la sarja de seda cruda con objeto de poder identificar su procedencia y el pago de impuesto.

## De voces indígenas sobre la seda

DEL NÁHUATL
**calocuilin** casa de gusano.
**cochipilotl** capullo de gusano.
**ocuilicpatl** seda o hilo de gusano.
**ocuiltzahualli** seda o hilo de gusano.

DEL ZAPOTECO
**belalobeyo** gusano de seda.

DEL MIXTECO
**juva kuo tintuv'a** capullo.
**ntiki tintuv'a** huevecillos.
**sató tintuv'a** mariposa.
**tintu'va** gusano de seda.

RELATIVAS A GUSANOS PRODUCTORES DE SEDA SILVESTRE

**cuauhtaseda**: palabra mestiza del náhuatl *quahuitl*, árbol, y del castellano, seda: seda de árbol o silvestre; en Zacapoaxtla, Puebla.

**gusano del huejote** *oni* o *tox'io* (otomí). Gusanera o torta del gusano de seda en Pahuatlán, Sierra de Puebla.

**gusano del encino** *pochocuil* (náhuatl), término usado por los mestizos de San Mateo Peñasco, Oaxaca. *Tintuv'a yucú* (mixteco), gusano de seda de monte, llamado así en la región de la Mixteca Alta.

**gusano del madroño** sanángatas, huenches o conduchas, nombre que este gusano recibe en diversos lugares del estado de Michoacán; cupiche es un término usado en Río Hondito, estado de México; gusano verde de la Huasteca se le llama en el estado de Hidalgo; ñama o chama es un término zapoteco que se usa en Tlaxiaco, Oaxaca.

# COMPENDIO

EN QUE SE MANIFIESTA EL MÉTODO

DE SEMBRAR, TRASPLANTAR, PODAR

Y SACAR FRUTO

## DE LAS MORERAS Y MORALES,

APROVECHANDO SU HOJA

PARA LA CRIA DE GUSANOS DE SEDA,

Mandado disponer para la utilidad y beneficio de las Ciudades, Pueblos y Particulares que se dediquen á este precioso Ramo de Agricultura é Industria rural

POR EL EXmô. SEÑOR VIRREY

DE ESTA NUEVA ESPAÑA

## CONDE DE REVILLA GIGEDO.

*EN MEXICO: DE ORDEN SUPERIOR:*
Por los Herederos de Don Felipe de Zúñiga y Ontiveros,
año de 1793.

# BIBLIOGRAFÍA GENERAL

Acosta, Joseph de, *Historia natural y moral de las Indias*, Fondo de Cultura Económica, México, 1962.

Ajofrín, fray Francisco de, *Diario del viaje que hizo a la América en el siglo XVIII el P. fray...*, 2 volúmenes, Instituto Hispano-Mexicano, México, 1964.

Alamán, Lucas, *Historia de México*, 5 volúmenes, Imprenta de J.M. de Lara, México, 1849-1852.

Almonte, Juan Nepomuceno, *Guía de forasteros y repertorio de conocimientos útiles*, facsímil de la edición de 1852 de Juan Cortina Portilla, México, 1977.

Anónimo, *La sericicultura en Japón*, Oficina Tipográfica de la Secretaría de Fomento, México, 1897.

—, *Story of Silk*, The Japan Association, Tokio, [s.a.].

—, "Diferentes muestras de los géneros que se trabajan en los telares de México: seda y algodón", Cedulario 1397, Ms., 1792, Biblioteca Nacional de San Agustín, México, 1988.

—, "Calendario de sericultura", *Almanaque de la Secretaría de Agricultura y Fomento*, México, 1931.

—, *Códice de Yanhuitlán*, edición facsimilar, Museo Nacional de México, México, 1940.

Aquino Gómez, Víctor Manuel, *El gusano de seda. Cultivo y beneficio de la fibra textil en el estado de Oaxaca*, tesis profesional, Instituto Tecnológico de Oaxaca, Oaxaca, 1986.

*Archivo General de la Nación*, "Sello de la seda en la Mixteca, 1576", *Boletín del...*, t. VI, pp. 839-842, 1935.

—, "Producción de la seda en las Mixtecas en el siglo XVII", Reales Cédulas 1605, *Boletín del...*, t. VI, pp. 843-844, 1935.

—, "Patente de los cofrades de San José en Orizaba", Ramo de Cofradías y Archicofradías, volumen XVIII.

—, "Fragata Nuestra Señora de la Consolación, alias El Buenfin", etc., Tribunal de Cuentas, vol. 59, ff. 12 *ss.*

—, "Cría y beneficio de la seda de las Mixtecas", *Boletín del...*, t. VI, pp. 839-842, 1935.

—, "Los mayorales del arte mayor de la seda", Ramo de Industria y Comercio, vol. 18, exp. 8.

Balbuena, Bernardo de, *Grandeza mexicana*, Universidad Nacional Autónoma de México, México, 1945.

Banks, Charles, *A Manual of Philippine Silk Culture*, Oficina Tipográfica, Manila, 1911.

Bárcena, Mariano, *La industria sericícola en el estado de Jalisco*, Secretaría de Fomento, México, 1891.

Barrio Lorenzot, Francisco del, *Ordenanzas de gremios de la Nueva España*, Secretaría de Gobernación, México, 1920.

Basho, Matsuo, *Haikú de las cuatro estaciones*, Ediciones Miraguano, Madrid, 1983.

Bejarano Robles, Francisco, *La industria de la seda en Málaga durante el siglo XVI*, Consejo Superior de Investigaciones Científicas, Madrid, 1951.

Benítez, José R., *Historia gráfica de Nueva España*, Cámara Oficial Española de Comercio en los Estados Unidos Mexicanos, México, 1929.

Borah, Woodrow, *Silk Raising in Mexico*, University of California Press, Berkeley, 1943.

—, "El origen de la sericultura en la Mixteca Alta", *Historia Mexicana*, vol. XIII, núm. 1, julio-septiembre de 1963, pp. 1-17.

Brutio, Luis, *Cartilla para la cría del gusano de seda y cultivo de la morera*, Imprenta de N. de la Riva, Zacatecas, 1873.

Carcer y Disdier, Mariano, *Apuntes para la historia de la transculturación indoespañola*, Universidad Nacional Autónoma de México, México, 1953.

Carrera Stampa, Manuel, *Los gremios mexicanos. La organización gremial en la Nueva España, 1521-1861*, Ediapsa, México, 1954.

Carrillo y Gariel, Abelardo, *El traje en la Nueva España*, Instituto Nacional de Antropología e Historia, México, 1959.

Casas, Gonzalo de Las, *Arte para criar la seda, desde que se revive una semilla hasta nacer otra*, Casa de René Cabut, Granada, 1581.

—, "Arte nuevo de criar la seda", reimpreso en *Agricultura general* de Alonso Herrera, fols. 209-230, Viuda de Alonso Martín ("A costa de Domingo González, mercader de libros"), Madrid, 1620.

Castelló Yturbide, Teresa, *Colorantes naturales de México*, Industrias Resistol, México, 1988.

Ciudad Real, Antonio de, *Tratado curioso y docto de las grandezas de Nueva España*, 2 volúmenes, Universidad Nacional Autónoma de México, México, 1986.

Clavijero, Francisco Javier, *Historia antigua de México*, 2 volúmenes, Ediciones Delfín, México, 1944.

Clegg, John, *Studying Nature*, The Queensway

Series, ilustraciones de Sally Michael, Evans Brothers, Londres, 1968.

Colby, Averil, *Samplers*, B.T. Batsford, Londres, 1964.

Compañía General Mexicana para la Explotación de la Seda, *Reglamento*, Imprenta de Ignacio Cumplido, México, 1841.

Cordiglia, Judica, *I Ching. El libro del oráculo chino*, Ediciones Martínez Roca, Barcelona, 1984.

Cordry, Donald y Dorothy, *Mexican Indian Costumes*, University of Texas Press, Austin, 1968.

Corona, Pascuala, *La seda*, Patria, México, 1985.

Cortés, Hernán, *Cartas de relación*, Porrúa, México, 1960.

Cuevas, Mariano, *Cartas y otros documentos de Hernán Cortés*, [s.e.], Sevilla, 1915.

Chambon, Hipólito, *Informe que presenta a la Secretaría de Fomento..., sobre los trabajos de sericultura llevados a cabo en México durante los años 1883 a 1891*, Secretaría de Fomento, México, 1892.

——, *Tratado comparativo de sericultura adaptado a las condiciones climatológicas de la República Mexicana, comprendiendo la historia de esa industria en Asia, Europa y América*, México, 1888.

Cherubini, Roberto, *Cría moderna y rentable del gusano de seda*, Editorial De Vecchi, Barcelona, 1987.

Christensen, Bodil, "Los otomíes del estado de Puebla", *Revista Mexicana de Estudios Antropológicos*, t. 13, pp. 261-265, 1952.

Dahlgren de Jordan, Barbro, *Cuarenta siglos de arte mexicano*, Herrero, México, 1975.

Davidson, Mary Frances, *The Dye-Pot*, edición de la autora, Glatinburg, 1976.

Delormois, *Arte de hacer las indianas en Inglaterra*, traducción de Miguel Jerónimo Suárez y Núñez, Imprenta Real de la Gazeta, Madrid, 1771.

Díaz del Castillo, Bernal, *Historia verdadera de la conquista de la Nueva España*, Editorial Azteca, México, 1955.

*Diccionario de la lengua española*, Espasa Calpe, Madrid, 1970.

*Diccionario Porrúa de Historia, Biografía y Geografía de México*, Porrúa, México, 1964.

*(The) Encyclopaedia Britannica*, 11ª ed., vol. XXV, pp. 96-101, University of Cambridge Press, Cambridge, 1911.

Espejo Becerra, Ramón, *Tratado completo de sericultura*, Imprenta Nacional, Madrid, 1874.

Fajardo, Alicia, "Colombia se viste de seda", *América Economía*, núm. 27, mayo de 1986.

Fernández, Luis, *Maestro tintorero. Tratado instructivo y práctico sobre el arte de la tintura*, Imprenta de Blas Román, Madrid, 1778.

Fernández de Lizardi, José Joaquín, "La educación de las mujeres o la Quijotita y su prima", en *Obras*, t. VII, pp. 191-532, Universidad Nacional Autónoma de México, México, 1980.

Fernández de Oviedo y Valdez, Gonzalo, *Historia General y Natural de las Indias..., enriquecida con las adiciones y enmiendas del autor, e ilustrada con la vida y el juicio de las obras del mismo por D. José Amador de los Ríos*, 4 vols. Imprenta de la Real Academia de la Historia, Madrid, 1851-1855.

Foz y Foz, Pilar, *La revolución pedagógica en la Nueva España, 1574-1820*, Estudios y Documentos Históricos, Claustro de Sor Juana, México, e Instituto Gonzalo Fernández de Oviedo, CSIC, Madrid, 1981.

Gage, Thomas, *Los viajes de Thomas Gage a la Nueva España*, Xóchitl (Biblioteca Mexicana de Libros Raros y Curiosos), México, 1947.

Gally, Rosa y Patricia Revah, *Teñido de lana con plantas*, Editorial Árbol, México, 1986.

García Cantú, Gastón, *Textos de historia universal. De fines de la Edad Media al siglo XX*, Universidad Nacional Autónoma de México, México, 1985.

García Cubas, Antonio, *El libro de mis recuerdos*, Imprenta de Arturo García Cubas y Hnos., México, 1904.

García Gutiérrez, Jesús, *Galería de arzobispos de México*, Joaquín de la Barrera, México, 1951.

García Icazbalceta, Joaquín, *Don fray Juan de Zumárraga*, Antigua Librería de Andrade y Morales, México, 1881.

Gemelli Carreri, Juan Francisco, *Viaje a la Nueva España*, Sociedad de Bibliófilos Mexicanos, México, 1927.

Gerhard, Peter, *A guide to the historical geography of New Spain*, Cambridge University Press, Cambridge, 1972.

Gómez de Orozco, Federico, "El exvoto de Hernán Cortés", *Ethnos*, t. I, pp. 219-222, una ilustración, 1920.

——, "¿El exvoto de Don Hernando Cortés?", *Anales del Instituto de Investigaciones Estéticas*, núm. 8, pp. 51-54, dos ilustraciones, Universidad Nacional Autónoma de México, 1942.

González Marín, Felipe, *Cultivo de la morera*, 2ª ed., Imprenta A. López Llausás, Barcelona, 1929.

—, *La crianza del gusano de seda*, Imprenta A. López Llausás, Barcelona, 1929.

González Obregón, Luis, *México viejo*, Tipografía de la Escuela de Artes y Oficios, México, 1891.

Hammacher, Susana, *Tintuv'a (manual sobre la cría del gusano de seda)*, Instituto Nacional Indigenista, Oaxaca, 1987.

Hernández, Francisco, *Obras completas*, 7 volúmenes, Universidad Nacional Autónoma de México, 1960-1985.

—, *Historia de las plantas de la Nueva España*, 3 volúmenes, Instituto de Biología, Universidad Nacional Autónoma de México, México, 1942-1946.

Herrera y Tordesillas, Antonio de, *Historia general de los hechos de los castellanos en las islas y tierra firme del mar Océano*, publicada por acuerdo de la Academia de la Historia, Tipografía de Archivos, Madrid, 1934.

Hyde, Nina, "The Queen of Textiles", *National Geographic Magazine*, enero de 1984, pp. 2-49.

Inclán, Luis G., *Astucia. El jefe de los Hermanos de la Hoja o Los Charros contrabandistas de la Rama*, 3 volúmenes, Porrúa, México, 1946.

*Instrucciones que los virreyes de Nueva España dejaron a sus sucesores* (Biblioteca Histórica de la Iberia), Imprenta de Ignacio Escalante, México, 1873.

Iturribarría, Jorge Fernando, *Ensayo histórico sobre la industria de la seda en Oaxaca*, [s.e.], Oaxaca, 1933.

Jiménez, Lauro María, "El gusano de seda", *Boletín de la Sociedad Mexicana de Geografía y Estadística*, t. IV, pp. 504-509, 1870.

Johnson, Irmgard W. y José Luis Franco, "Un huipilli precolombino de Chilapa, Guerrero", *Revista Mexicana de Estudios Antropológicos*, vol. XXI, pp. 149-172, 1988.

Lacerca, M. Alberto, *Cría del gusano de seda*, Albatros, Buenos Aires, 1983.

Landa, fray Diego de, *Relación de las cosas de Yucatán*, 10ª ed., Porrúa, México, 1973.

Lanes y Duval, Juan, *El arte de cultivar la seda*, Imprenta Real, Madrid, 1787.

Lanús, Carlos Eduardo, *El gusano de seda*, Enciclopedia Agropecuaria, Buenos Aires, 1943.

Lechuga, Ruth D., *El traje indígena de México*, Panorama, México, 1982.

Legget, William Ferguson, *The Story of Silk*, Life-Time, Nueva York, 1949.

López Cancelada, Juan, *Ruina de la Nueva España si se declara el comercio libre con los extranjeros*, Imprenta de Don Manuel Santiago de Quintana, Cádiz, 1811.

Lorenzana, Francisco Antonio de, *Historia de la Nueva España*, Imprenta del Superior Gobierno, México, 1770.

Machado, Antonio, *Poesías completas*, 5ª ed., Espasa Calpe (Selecciones Austral, 149), Madrid, 1983.

Mapelli-Mozzi, Carlotta y Teresa Castelló Yturbide, *El traje indígena en México*, 2 volúmenes, Instituto Nacional de Antropología e Historia, México, 1966-1968.

Maria y Campos Castelló, Beatriz de, *Tres colorantes prehispánicos*, Patria, México, 1985.

Martínez del Río de Redo, Marita, "La seda en México", *Artes de México*, núm. 142, El rebozo, pp. 21-28, 1971.

Mastache de Escobar, Alba Guadalupe, *Técnicas prehispánicas de tejido*, Instituto Nacional de Antropología e Historia, México, 1971.

Mendieta, Jerónimo de, *Historia eclesiástica indiana*, Joaquín García Icazbalceta (ed.), México, 1870.

Moreno, J., "Moreras", *Boletín de la Sociedad Mexicana de Geografía y Estadística*, vol. IV, 1870.

Moreno, Juan Joseph, *Don Vasco de Quiroga*, Polis, México, 1940.

Moro, Cayetano, *Reconocimiento del Istmo de Tehuantepec*, [s.e.], México, 1844.

Morris, James, "The Silk Road", *Horizon*, American Heritage, vol. IX, núm. 4, otoño de 1967, pp. 6-23.

Motolinía (fray Toribio de Benavente), *Historia de los indios de la Nueva España*, Salvador Chávez Hayhoe, México, 1941.

—, *Memoriales*, Luis García Pimentel, México, 1903.

Noda Gómez, Talio, *La seda, un arte palmero de siglos*, Tipografía González, Las Palmas de Gran Canaria, 1985.

Núñez Ortega, Ángel, *Apuntes históricos sobre el estudio de la seda en México*, Gustavo Mayolez, Bruselas, 1883.

Núñez y Domínguez, José de Jesús, *Música suave*, Librería Española, México, 1921.

Ortiz de Ayala, Simón Tadeo, *Resumen de la estadística del Imperio mexicano, 1822*, Universidad Nacional Autónoma de México, México, 1968.

Payno, Manuel, *Los bandidos de Río Frío*, Porrúa, México, 1966.

Perches López, Francisco, *Estudio sobre el descrudado enzimático de la seda natural en tejidos mixtos con acetato de lana*, tesis profesional, Escuela Nacional de Ciencias Químicas, Universidad Nacional Autónoma de México, México, 1938.

Pitaro, Antoine, *L'art de produire la soie*, Imprenta de J. Tastu, París, 1818, ilustrado.

Polo, Maribel y Romano Giudicissi, *Las plantas tintóreas*, Penthalon, Madrid, 1986.

Pontier, Leandro, *El gusano de seda en Méjico y en América Central*, [s.e.], México, 1938.

Prebost, *Cartilla sericícola*, Gobierno de México, México, 1890.

Quintana, José Miguel, *Agnus Dei de cera*, Cultura, México, 1965.

Reali, Glauco, A. Meneghini y M. Trevisan, *Bachicoltura moderna*, Edagricole, Bolonia, 1985.

Revenga, Luis, *El gusano de seda y la industria sericícola*, Sintes, Barcelona, 1948.

Revillagigedo [Revilla Gigedo], Juan Vicente Gómez Pacheco de Padilla Horcasitas y Aguayo, conde de, *Compendio en que se manifiesta el método de sembrar, transplantar, podar y sacar fruto de las moreras y morales aprovechando su hoja para la cría de gusanos de seda, mandado disponer para la utilidad y beneficio de las ciudades, pueblos y particulares que se dediquen a este precioso ramo de agricultura e industria rural* ("Por el Exmo. Señor Virrey de esta Nueva España Conde de Revilla Gigedo. En México: De orden superior: Por los herederos de Don Felipe de Zúñiga y Ontiveros, Año de 1793").

Reynaud, *Des vers a soie*, [s.e.], París, 1824.

Riva Palacio, Vicente, *México a través de los siglos*, Espasa, Barcelona, 1889.

Robles, Antonio de, *Diario de sucesos notables, 1665-1703*, 3 volúmenes, Porrúa, México, 1946.

Rojas García, Alejandro, "Restauración de un bordado mexicano", *Boletín del Instituto Nacional de Antropología e Historia*, pp. 41-43, junio de 1970.

Romero de Terreros, Manuel, *Las artes industriales en la Nueva España*, Fomento Cultural Banamex, México, 1982.

Roquero, Ana, *Tintes naturales sobre seda*, Ms., Madrid, 1985.

Roquero, Ana y Carmen Córdoba, *Manual de tintes de origen natural para lana*, Serbal, Barcelona, 1981.

—, y Juan de la Cruz, "The Silk Craft in La Palma, Canary Isles", *Contact, a Magazine of Folk Studies*, invierno de 1985, pp. 20-21, Gales del Norte.

—, y Elena Postigo, *La cochinilla: una materia tintórea prehispánica y su introducción en Europa*, Ingra, Madrid, 1987.

Ruiz Romero, Manuel, *Grandes vuelos en la aviación mexicana*, San Jorge, México, 1986.

Sahagún, fray Bernardino de, *Historia general de las cosas de la Nueva España* ("Fundada en la documentación en lengua mexicana, recogida por los mismos naturales"), Pedro Robredo, México, 1938.

Sánchez, María de los Ángeles, "La Palma, isla artesanal", *Caminos y Artesanías*, Ministerio de Industria y Energía, Madrid, 1985.

—, *La seda en La Palma*, Raygar Impresores, Canarias, 1987.

Santa Teresa de Jesús, *Obras completas*, Biblioteca de Autores Cristianos, Editorial Católica, Madrid, 1962.

Santiago Cruz, Francisco, *Las artes y los gremios en la Nueva España* (Cuaderno núm. 77), Jus, México, 1970.

Sartorius, Carl, "Gusanos de seda", *Boletín de la Sociedad Mexicana de Geografía y Estadística*, vol. IV, pp. 183-185, 1870.

Sayer, Chloë, *Costumes of Mexico*, University of Texas Press, Austin, 1985.

Segura, José C., *Cultivo del gusano de seda en California*, Secretaría de Fomento, México, 1880.

Sepúlveda Herrera, María Teresa, *Los cargos políticos y religiosos en la región del lago de Pátzcuaro*, INAH-SEP, México, 1974.

Shirata Kato, Yoshiko, *Colorantes naturales. Teoría, historia y algunos usos en México* (mimeo), tesis profesional, Escuela Nacional de Conservación, Restauración y Museografía Manuel del Castillo Negrete, Instituto Nacional de Antropología e Historia, México, 1982.

Sotelo, Pedro José, *Memoria del último de los primeros soldados de la Independencia*, Ms., Dolores Hidalgo, 1874.

Soustelle, Jacques, *La famille Otomi-Pame du Mexique Central*, Institut d'Ethnologie, París, 1937.

Suárez y Núñez, Miguel Jerónimo, *Arte de cul-

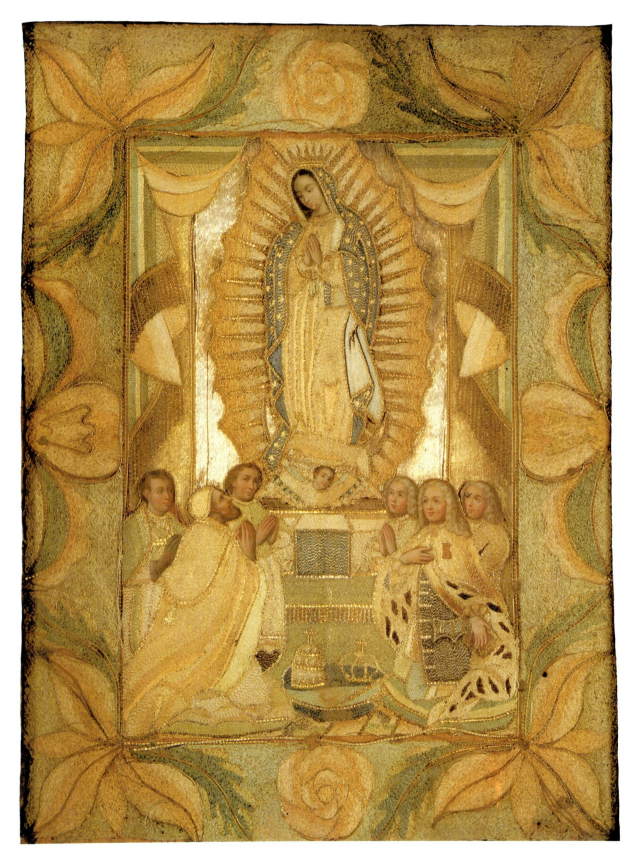

Imagen de la Guadalupana hecha al hilo pegado.

tivar las moreras, el de criar los gusanos de seda y curar sus enfermedades y el de la hilanza de la seda en organcín y preparación del hiladillo, Imprenta de Pedro Marín, Madrid, 1776.

Tagliabue, José, *Breves apuntes sobre el cultivo de la morera y cría del gusano de seda más adaptables al clima de México*, Secretaría de Fomento, México, 1900.

Tolis, Camilo, "Cultivo del gusano de seda en Oaxaca", *Boletín de la Sociedad Agrícola Mexicana*, t. I, pp. 77-79, México, 1880.

Torquemada, fray Juan de, *Monarquía indiana*, 7 volúmenes, Instituto de Investigaciones Históricas, Universidad Nacional Autónoma de México, México, 1975-1979.

Uribe Salas, José Alfredo, *La industria textil en Michoacán, 1840-1910*, Universidad Michoacana de San Nicolás Hidalgo, Morelia, 1983.

Valdés, Juan Francisco, *Cartilla teórico-práctica en educación ambiental. Tintes vegetales*, Secretaría de Desarrollo Urbano y Ecología, México, 1987.

Valle, Juan N. del, *El viajero en México o sea la capital de la República*, [s.e.], México, 1859.

Varios autores, *Fortune de la seta. Temi di un itinerario storico*, Fabbri Editori, Milán, 1986.

Vaschalde, Jean, *Les industries de la soiererie: de la soie a la soiererie*, Presses Universitaires de France, París, 1961.

Vázquez, Josefina Zoraida, "Los primeros tropiezos", *Historia general de México*, 2 volúmenes, Daniel Cosío Villegas (coordinador), El Colegio de México, México, 1976, vol. 2, páginas 735-818.

Vázquez de Espinosa, fray Antonio, *Descripción de la Nueva España en el siglo XVII (1630)*, Patria, México, 1944.

Vidal, Juan, "Yo tuve cáncer hace cinco años. Crónica de una esperanza", *Época*, núm. 58, abril de 1986.

Viera, Juan de, *Compendiosa narración de la ciudad de México*, prólogo y notas de Gonzalo Obregón, Guaranía, México, 1952.

Villaseñor y Sánchez, José Antonio, *Theatro Americano. Descripción general de los reinos y provincias de la Nueva España y sus jurisdicciones*, edición facsimilar de Juan Cortina Portilla, 2 volúmenes, México, 1986-1987.

Vollmer Keall, Naghai-Berthrong, *Silk Roads, Chinese Ships. Catalogue Rom-Royal*, Museo de Ontario, McLaren Morris, Ontario, 1983.

Yllanes, Tomás, *Cartilla sobre la cría de gusanos de seda en la que se ha procurado simplificar el método de su cría y poner al alcance de toda clase de personas sus preceptos*, El Águila, México, 1831.

Zavala, Silvio y María Castelo (comps.), *Fuentes para la historia del trabajo en la Nueva España*, 2 vols., Fondo de Cultura Económica, México, 1940.

*Historia y arte de la seda en México, siglos XVI-XX*, se terminó de imprimir en julio de 1990 en Repro-Estudio Editorial a Todo Color, S.A. de C.V., Diligencias 96, San Pedro Mártir, 14650 México, D.F. Encuadernado por Libros y Encuadernaciones Finas, S.A. de C.V. La edición consta de 17 000 ejemplares impresos en papel couché mate paloma de 135 g. Se utilizaron tipos Garamond de 13/16 puntos de Redacta, S.A.

Guión de cofradía.
Museo Regional de Puebla.